'A SCHIZOPHRENIC VIEW' AND OTHER POEMS

'A SCHIZOPHRENIC VIEW' AND OTHER POEMS

A 'collection of poems in nation langwij'

Written by
JOEL OKOTH OUMA
P.O Box 10642-00100
Nairobi, Kenya
okothjoel@gmail.com

Copyright © 2010 by JOEL OKOTH OUMA

A schizophrenic view – Joel Okoth Ouma

All rights reserved. No part of this publication may be reproduced, stored in a retrieval system or transmitted in any form or by any means, without the prior and written permission from the author Joel Okoth Ouma.

This book is sold subject to the condition that it shall not, by way of trade or otherwise, be lent, resold, hired out or otherwise circulated without the author's consent in any form of binding or cover other than that in which it is published and without a similar condition including this condition being imposed on the subsequent purchaser.

Copyright © 2010 by JOEL OKOTH OUMA

A schizophrenic view – Joel Okoth Ouma

CONTENTS

ACKNOWLEDGEMENTS	VI
INTRODUCTION	VIII
FACE OF THE GHETTO	1
VOICES FROM THE GRAVE	3
WHO GOT THE ROOTS	8
MYSTERY	11
DICE LIFE	13
MONTH A RUN	14
WHITE SMOKE	16
WE MADE HISTRI	17
TO RUSSIA IN A POEM	19
TILL BLOOD DRIES UP	21
LIGHT, PACE AND BLOOD	23
SILENT STREET NU YEAR	25
SOMEONE TO LEAN ON	28
STUMBLING BLOCKS	33
KISMET DEFINED	36
SUSAN I CYAAN LOVE YOU	38
SWITHEART	41
VIRUS INJECT DUB (H.I.V POEM)	43
POETRY OF POLITIKAL TIRADE	45
LETTER TO INGLAN	48
RELIGIOTICS	51
DEVIL IN THE BALLS	53
RIDDIMIN DI SYTEM	54

A schizophrenic view – Joel Okoth Ouma

SERIOUS TING	56
CORNER YOUTH	60
NUH YIET FREE	62
LYNCH MOB CULTURE	64
MI POLITRICKAL CITIZEN	67
DEMISE OF A POLITRIKSTAH	71
ELIMINATING A POLITRICKER	73
HOW TO KILL A GOLIATH	75
MIGGLE EASE	77
MISS TREE	80
JUDAS ISCARIOT IS ALIVE	84
WOLF IN RASTA SKIN-(NAZAWRONG)	86
K.K.K	87
LET'S TALK	89
STORY AF OUR RESISTANCE	91
HEART OF RESISTANCE	93
FAAM UP DI WAALS AF RESISTANCE	96
ISCHRI	98
SEARCHIN AN SEARCHIN	100
WATCH OUT AFRICA!	102
IT IS HARD	104
WEN SORROW A TWIST WOMAN	106
APPRAISAL IN GREEN	108
IT'S XMAS AGEN	110
OVERDUE POWER DUB	112
GET OUT DE GHETTO	113

A schizophrenic view – Joel Okoth Ouma

NOW WI WRITE	115
DUB POEM A DAY	117
EMPTINESS	119
EVICTION	121
COM WID ME TO SPAIN	124
DI YUROPIN IN ME	127
DIS DEVILS ARE CLAD IN BLUE	130
FOOLICE FORCE	133
GUNS IN THE BULLET	135
WHAT DE 2008 POLICE SHOOTINGS TAUGHT US	136
DROP DONG DEAD	138
RUDE BWAI TOUN	140
CAIN AND ABEL	142
CHO!	146
AFISA ANANIAH	148
AN EYE FOR AN EYE	151
HAITI	154
A SCHIZOPHRENIC VIEW	158
CRIME RICE	163
680 DEGREES	165
A TALE OF TWO FRIENDS	167
BENGA FOR UNCLE DAVE	169
POETRY FOR EMANUEL AGUER	171
CHURCH MOUSE	173
I HAVE SEEN DE TOP	175
WITHOUT RED	177

A schizophrenic view – Joel Okoth Ouma

MO SMOKE 179
MY BURMESE: DI ART AF RESISTANCE 182

ACKNOWLEDGEMENTS

Compiling this poems into a book would not have been possible without
the emotional encouragement and personal letter of advice written to me by the great Jamaican born Briton poet Benjamin Zephaniah and also the encouragement of the amazing Jamaican barefooted poet Mutabaruka.Lastly but not least my regards go to my loving wife
who always takes her time to read my poems and point out any flaws or seek an explanation of certain twisted phrases

A schizophrenic view – Joel Okoth Ouma

Dedicated to all people of the world that are still in the everyday struggle to get free from the chains of despotism and the pain of going hungry and lacking most basic needs. These poems are from my heart and I give them unto thee that we may share our thoughts.

A schizophrenic view – Joel Okoth Ouma

INTRODUCTION

This Book is a result of hardwork and determination that I had in order to make sure that I share my poems with other people of the world with the same views and feelings as mine. The poems in this collection are poems that I wrote without ever thinking that one day I would compile and publish them into a book because they were just feelings from my heart, but then I realized that there were other people out there who enjoyed them and I therefore took it upon myself to compile and publish them in order that they may reach the masses. The language I have used in most of the poems is what is referred to as *'nation langwij'* which is a term that is used to refer to the languages that are spoken in the Caribbean countries though I have also employed a lot of word play in order to give the poems a *'reggae musical'* feeling. It is therefore my hope that readers will enjoy the poems. I am open to all forms of criticism and opinions and you can therefore write to me via my email addresses which are, *rajoelinax@live.com* and *okothjoel@gmail*.com or link up with me on facebook where my user name is Joel Rajoelina X.**PEACE UNTO THEE.**

A schizophrenic view – Joel Okoth Ouma

FACE OF THE GHETTO

While you are having lunch
At the luncheon
And calculating your pension
After your manifesto launching
Am sitting down at the corner
My sore back against the wall
Holding my chin deeply in thought
Staring out in the horizon
Not knowing what next for me
My leaders have forsaken me
Am hungry, exhausted and disillusioned
Look I am the face of the ghetto.

Then I hear the words of the higher man say,
"Babylon you throne gone down, gone down".

While you are driving your souped up limousine
Down your perfect tarmac road and making a scene
Am walking bare footed
Down the dirty ghetto corridors cautiously
Trying to avoid the dirty and
Stagnant waters and mud all over
My leaders have forsaken me
Am sick, paranoid and heart broke
Look I am the face of the ghetto.

Then I hear the angel with the seven seals,
"Babylon you throne gone down, gone down".

A schizophrenic view – Joel Okoth Ouma

While you are playing golf
on your well kept green field
nursing your good feelings
Am standing at the only and dusty
Ghetto playground on one leg
Trying to watch the new ghetto generation
Playing football to pass time
But my mind cyaan concentrate
Surely, how can I?
My leaders have forsaken me
Am without any hope left for tomorrow
Look I am the face of the ghetto.

'Fly away home to Zion, fly away home'.

While you are enjoying your expensive
Junk food and sipping champagne
Am searching through the garbage
At the ghetto dumpsite
Trying to find some food for
My sick mother and hungry siblings
My leaders have forsaken me
I am poor to the last drop of my blood
Look I am the face of the ghetto.

'One bright morning when my work is over I will fly away home'.

A schizophrenic view – Joel Okoth Ouma

VOICES FROM THE GRAVE

I did die mysteriously
Never even had time to think
Me seh mi was walking on the pavement
When suddenly a drunk driver
hit me with his automobile
I did not even feel it
Just saw the bright light at the end of the tunnel.

Life what a life
We living in timeless time
You never know when you gonna loose it!

I did die mysteriously
Never even had time to think
Me seh I was just a new born baby
Just done mi nine months in mi mada womb
When mi mada throw me into a pit latrine
I did not even feel it
Just saw the bright light at the end of the tunnel
And the Angel Gabriel takin me in.

Life what a life
We living in timeless time
You never know when you gonna loose it!

I did die mysteriously
Never even had time to think
Me seh I was sleeping peacefully in mi house
After a long hard day

A schizophrenic view – Joel Okoth Ouma

When suddenly strong hands squeezed
mi throat and left me airless
I did not even feel it
Just saw the bright light at the end of the tunnel.

Life what a life
We living in timeless time
You never know when you gonna loose it!

I did die mysteriously
Never even had time to think
Me seh I was walking down the half way tree
When suddenly lynch mob upon me
For what I know not about
I did not even feel it
Just saw the bright light at the end of the tunnel

Life what a life
We living in timeless time
You never know when you gonna loose it!

I did die mysteriously
Never even had time to think
Me seh I was the state governor
Addressing a press conference
My bodyguard or I did not even see the assassin's bullet
I did not even feel it
Just saw the bright light at the end of the tunnel

A schizophrenic view – Joel Okoth Ouma

Life what a life
We living in timeless time
You never know when you gonna loose it!

I did die mysteriously
Never even had time to think
Me seh I was street child
Starving, sick, ignored, beaten
and abused by blessed citizens
Never ate a meal for a cent untry
I did not even feel it
Just saw the bright light at the end of the tunnel.

Life what a life
We living in timeless time
You never know when you gonna loose it!

We did die mysteriously
Never even had time to think
We was living in the Congo, Burma, Dafur,
Serbia, Tamil, Iraq, Afghanistan
We was caught up in the rebel revolutions, revolts
and wars for annexation, independence
Captured by mercenary and government forces
Shot at point blank, stepped on landmines
We did not even feel it
Just saw the bright light at the end of the tunnel

Life what a life
We living in timeless time
You never know when you gonna loose it!

A schizophrenic view – Joel Okoth Ouma

MI POETRY

Mi poetry is like a contagious disease
Like a virus or a dangerous bacteria
Making yu fear to read or hear mi poetry
Mi poetry is like a double-edged sword
Like a samurai sword
Makin yu fear to get close to mi poetry
For fear of deep cuts.

Mi poetry is like vegetables
Like spinach or cabbage
Makin yu hate mi poetry because yu
Like beef and hate greens
Mi poetry is like a slow Kenyan train or
Like a fast metro bus
Makin yu confused at the
Lethargic pace of mi poetry.

Mi poetry is like bitter pills
Making yu want to spit out mi poetry
But yu cannot spit it out
Because yu need it for your cure
Mi poetry is like the government
Dictating your livity.

Mi poetry is bad for dictators
Like Mugabe, Kibaki, Museveni
Mi poetry attracts de F.B.I, C.I.A, Mossad
Mi poetry can book me a jail cell or
An appointment wid de government torturer
Mi poetry is a recipe for long jail terms.

A schizophrenic view – Joel Okoth Ouma

Mi poetry is stupid but yu cannot
Stop reading it because
Mi poetry is clever and
Yu are still reading it
Mi poetry will force yu to read on and
Yu cant jus stop reading mi poetry.

Mi poetry is noisy like
Muammar Gadaffi, Fidel Castro, Hugo Chavez
Mi poetry is disoriented like
The Kenyan police farce
Mi poetry is pugilistic
Without gloves or rounds
Mi poetry twists, beats, treats, straightens
And awakens yu from your slumber.

Mi poetry is like de marijuana aroma
So sweet yet so potent
Mi poetry remains wid yu as yu
Walk, shower or sleep and as
Yu try hard to forget mi poetry,
I am happily sittin at my table
Penning down another poem
To again confuse yu wid tomorrow.

A schizophrenic view – Joel Okoth Ouma

WHO GOT THE ROOTS

Western! Western! Western!
De west
Pure waste
African continent
African man
De African
Still cyaan rest
Take a walk in Africa
Take a ride in Africa
Fly over Africa
An let your eyes
Show you
How de African him still toiling
On de land
Him toil from
Dawn to dusk
Him pull
Him push
Him pulled
Him pushed
Sweaty blood runs
On de land
Cauz African man wants
To survive
But take a stalk an you'll
See whom de one
They call nigger still works for
American domination
British neo-colonization
French franchising
African left barren

A schizophrenic view – Joel Okoth Ouma

On his own land
Who got de roots
Who has de leaves an de fruits?

Multi-poor African
Working for multi-billion
Western factory
For paltry wage packet
No health care plan
No work place safety plan
Cyaan give you time to plan
So they work you overtime
It's an organized crime
African Man mines
African Man runs office errands
African man carry heavy load
A 90 kg bag o' rice
A hungry African man a load
Unto a western man ship
Him bleat like sheep
Hear me say to you dat
Nobody care an so de
black body
Drops down dead
Lord!
Western labor kills
Western labor not keen
Bout African welfare
They no give you fare
For your transport home
An so you walk in de rain
An sun
Heading to your congested

A schizophrenic view – Joel Okoth Ouma

Ghetto
Hard amateur labor
Cause chest congestion
you cyaan report for work
De next day
Therefore,
they hire another monkey
Or did I say nigger?
Who got the roots
Who has the leaves an the fruits?

My father worked doun
Here for a quarter century
But him left wid
No cent
My uncle Sam toiled over
There
A hard labor him did
But still im left
With no title deed
My aunty brother
Tried to work for a foreign factory
Doun at the small town
But they smoked his lungs
Inside out
An him coughed till
He could not take it
Anymore an so he put doun
His tools
Now analyze dat
an make me know
Who got the roots
Who has the leaves an the fruits?

A schizophrenic view – Joel Okoth Ouma

MYSTERY

Ripples of mystery still
Vibrate on de land
Mystery of wars fought but not won
Mystery of scars from
De slave masters whips
Dat are not yet healed
Mystery Inglan an her miss treat ways
Winds of hidden mystery
Still blow over de land
Mystery of de torture an subsequent
Neglect of de Mau-Mau warriors
Mystery of how dem just
Get blown away from histri
Bombs of mystery still
Blow off on de land
Mystery of undetonated bombs
Left lyin all over de land
By de Brixtan invaders
Mystery of ghost whispers
Still haunt de land
Ghosts of Africans who died
Mysteriously durin de days of de
Scramble
Partition
And colonization of Africa
Mystery of white fatherless children
Products of wanton rape of African women
By rapists from Brixtan
Mystery artifacts stolen from de land
And now mysteriously displayed
In dem museums in Inglan

A schizophrenic view – Joel Okoth Ouma

Mystery of strangers who own more
Land dan de real owners of de land
Mystery of twisted histri left behind
By mystery Inglan
Mystery of a colonial mentality dat
Still haunts de land
Mystery of limbless Africans
As a result of uprisings an revolutions
Mystery dat we still tryin to dispel
An yu still creatin mystery on a we land.

A schizophrenic view – Joel Okoth Ouma

DICE LIFE

De masses live a dice life
Yu wek up early in de morning
An throw de dice
Yu get de side wid one
Lawd! pure wota u haffi tek
Fi breakfast an empty tummy
Yu haffi hustle on
Next deh yu throw de dice again
Yu get de side wid four
Smile yu smile because yu
Just stumbled pon a dollar bill
An basmati rice yu aguh eat
Annadah deh u throw de dice again
An yu get de side wid one again
Tears roll down yu thin cheeks
Mos High Lawd!
An empty stomach
Yu haffi work on at de goldmine
An thirst yu haffi thirst because
Yu cyaan afford even a
Penny to buy dry wota
De masses live a dice life
While de few rich dem jus
Throw dice at de casino uptown
Tryin to mek more fortune
Dice life is nuh easy
Its either head or tail
However, de masses mostly get
De pigtail!
Lawd!
De masses live a dice life.

A schizophrenic view – Joel Okoth Ouma

MONTH A RUN

Wen month a start
End month apprachiz
An yu nose still haffi run
For tings a gwan
An even rat a cut bottle.

Muscles a flex
An adrenaline a bust nerves
Hurry yu haffi hurry coz yu worry
Worry yu haffi worry coz yu hurry
Lawd!
Wen month a start
End month apprachiz
An even rat a cut bottle.

Wan wan coco full baskit
So dey seh but mi wonder
If mi baskit bottom a drop
Coz wen mi add up wan an wan
I get a blank!
Cyaan manage fi mek rent
Fi di merciless landlawd
An wen mi check it out mi see dat
Wen month a start
End month apprachiz
An even rat a cut bottle.

Pickney dem haffi eat but
Wen mi tek a stock mi
Cyaan count nuh food or wota
Mi a jus count an empty pot

A schizophrenic view – Joel Okoth Ouma

So mi face frown
Muscles flex
Adrenaline a bust nerves
An a man doun dead
Lawd!
Wat a dilemma mi find mi self in but
When tings a gwan and month a run
Even rat a cut bottle.

A schizophrenic view – Joel Okoth Ouma

WHITE SMOKE

Bales of smoke
fumes of ilekshion
silektin de nex pope
so wi hope
an dey tell wi fi wait
for de sign
wi sigh
as usual t'was blak
fi mean bad
an white
fi mean gud
wi also put forth
our aun blak bratha
for de holy contest
jus to test
an wen de white smoke
came outa
de Vatican chimney
our hearts
dropped
coz we knew
wat it meant
an wen de new pope
stepped out
to de cheerin masses
waitin outside
holdin soda cans
as black as night
as sure as de white smoke
lawd af mercy!
white smoke, white pope.

A schizophrenic view – Joel Okoth Ouma

WE MADE HISTRI

In poundin rain
Hengin pon train
Everyone got tired of de
Strain
An so de revalueshan
began
Fram uptoun
To dountoun
Peeple came
Outa
Dem cribs
Shoutin an screaming
Nuh stopping for de
Screening
By de cops
Mashin roadblocks
Time stood still
Steel stools
Thrown all about
At de public square
No stone spared
For we had reached
Despair
Livin andah dounpression
In de hans of de dikteta
Compressed
Till we couldn't read no press
So we had to rebel
Grippin to we sense of
Irresponsibility
We were determined to

A schizophrenic view – Joel Okoth Ouma

Resist
To de bitter end
De hotter de battle
De sweeter de victri
Yu shulda seen
How armed wid only
We blood
Creed
An illegal decree
We ran innadi street
Uprootin big trees
Brekin window Sill
Burnin, lootin even
Iron sheets
An wen de fire died out
We had gained victri
An outa it multipawtism
Did get born
An so
We made histri.

A schizophrenic view – Joel Okoth Ouma

TO RUSSIA IN A POEM

Beats of poetry run thru
Mi mind
Like di marching of di red army
Russia poetry rush
Nuh crash
Cyaan crush
Lock-in mi mind
In satire an give
di key to Saltykov
me nuh go tek no salt
till I sore
mi wants fi tok
mi wants fi hear
bout di Russian dream
if there is such a stream
send mi by train to Uspenksy
or in a ship across di sea
an let mi learn fram im
how fi tell MYstory
to di toiling masses
but am sorry
I will not stop for Sunday mass
Till I hear di
rhythmic humming
of Nicholas Nekrassov
Feed mi wid poems
Dub mi in a poem
Write mi in a poem
Sing mi a sorrowful poem
Tame mi madness wid a poem
then send Nikolai Gogol

A schizophrenic view – Joel Okoth Ouma

di government inspector
to arrest mi wid reality
and if a crime mi a dhu
send mi to be sentenced
by Fyodor Dostoevsky
For even di skyless Siberia
Could not limit his intellect
an so mi case would
Be fair an square
Off I go to Russia in a poem
Nuh crash
Cyaan crush
If a literary ban mi a face
At least allow mi to read
Mails from Byelinsky
For he keeps di keys
To di word-filled balm yard
Push mi not!
Pushkin will push you back
On my account
So just, let me pass
An tok to Lermontov
Off I go to Russia in a poem
To good old Petersburg
Wid mi bag-full of poems.

A schizophrenic view – Joel Okoth Ouma

TILL BLOOD DRIES UP

Locked in di system
Locked in bull horns
Clobbered to di bones
Clock strikes
Time is dread
Earth a run red
    Oppression
    Repulsion
A Who dat bleed me?
    Confusion
    Conclusion
    Collision
Daggers drawn
    Stabbing
Push in di knife draw out di sword
More blood
Riverbank burst
Dreadlocks fall
Baldhead grows back
Jailhouse
    Door slam
Lockdown
    Di heat
    Di hunger
    Di anger
    Di thirst
Di restlessness an di timelessness
A whoooooo dat lock me in?
    Uprising
    Wailing
Shaking floor

A schizophrenic view – Joel Okoth Ouma

Crevice on wall
Bent iron bars
More prison guard run dong di corridor
Taming di barbaric
Man run wild
Man turns rabid
    Guns
    Baton
    Tear gas
    Water boarding
Things fall apart
    Shooting
    More stabbing
    Enter strangling
Fractured skull
Bones stick outa flesh
    Dusk sets in
Dead bulls strewn all over di floor
All af dem in uniform
some af dem wid boots
pon dem feet
an dem guns lyin next to dem
    Carcasses
Some af dem wid dem bare feet
Wid only dem hopelessness
Lyin next to dem battered
Lifeless bodies
    Siren
    Ambulance
    Hearse
    Burial
Blood a run dry
Maaaaaaasakhaaah.

A schizophrenic view – Joel Okoth Ouma

LIGHT, PACE AND BLOOD

Mouse runs down de hole
Cat in hot pursuit
Hole too small and crash!
Another mouse dead
Fire fly lights up
Fire fly lights off.

Thief runs doun de street
Police in hot pursuit
Forty days a reach and
Gun shot Boom!
Anada thief dead
Fire fly lights up
Fire fly lights off.

Doctor runs doun
De hospital corridor
Anada emergency case
Too late to save
Oh my Lawd!
Anada patient gone
Fire fly lights up
Fire fly lights off.

Teacher runs fi cover
Students a strike
Anada skul burnt doun
Shame!
Fire fly lights up
Fire fly lights off.
.

A schizophrenic view – Joel Okoth Ouma

Churchman a guh doun
De downtown brothel
Bible not in hand
Only darkness doun de waist
Fire fly lights up
Fire fly lights off.

Government man runs down his mouth
And gives false promises
De people anger arise
Lootin
Shootin
Uprisin
Fire fly lights up
Fire fly light remains up.

A schizophrenic view – Joel Okoth Ouma

SILENT STREET NU YEAR

T'was wan December
Las day
Af de year
an everywan was waitin
Wid baited breath
Each an wan o'dem
Hopin fi see
De dawn of de new year
Fireworks was in place
Plenty of food fill plate
Mood right
Moon light
Up high innadi shinin sky
No violence so no scar
Jus songs of merry
Doun at mi aunty Mary
Palace
Dere woz noh police
Patrollin dat nite
So me decided fi tek
A walk doun de street
Fi fine out if de mood
Woz alright over dea
Me trod silenty
Doun de corner
Me cool an easy
Wen all an a sudden
Me sight landed
Pon one pawt
Of de street
An mek I tell wha me saw

A schizophrenic view – Joel Okoth Ouma

Me eyes caught a small
Crowd of peeple
cuddled
pon de corner
Yu see t'was a rily cold
Nite
While mi woz still checkin
Mi heard several blasts
An fireworks sublime
Up in de air
Amidst joyous shoutin
Singin an de usual
Three,two,one, zero
countdoun
Happy nu year
Come doun
Me got lost for a moment
Coz me mind
Got frozen innadi
Pomp
Wen de clock struck midnite
An de calendar changed
To a bran nu year
An wen me came to
Mi senses
De cuddled peeple
Were still motionless
At de corner
An me realized
Dat for dem
T'was bran nu year
But dem woz still
Cuddled at de same

A schizophrenic view – Joel Okoth Ouma

Corner
Tears rollin doun dem
Thin hungry cheeks
I noh cheat
Coz I saw ow dem still
Cyaan fine food
Fi put in a pat
Cyaan fine shelta
fi hide fram de beasts
Cyaan fine clothin
fi hide dem nakedness
an later on me saw several
revelers
pass thru de same street
fram dea nite out
sam o'dem
doped to tap
an cyaan even tek a stalk
af de street family
I man woz lukin at
Innadi meantime
It woz yet annada
Bran nu year
Same cold weather
Rippin off skin
An me haffi say it
Coz it a it
An dem noh
Eat an yu eat
Lawd!
Fi dem its jus annada
Silent street nu year.

A schizophrenic view – Joel Okoth Ouma

SOMEONE TO LEAN ON

Sometime in our life
During our strife
Everyone needs someone
To lean on
No man is an island
No man stand-alone
There is no more no-man-land
All land got grabbed
So we try fi find someone
To hold on
Some lean on Jesus Christ
Confess their sins and
Ask for forgiveness
Some go ask for favor
From Judas Iscariot and
Pay up the consultation
fee
Some lean on the devil
But the devil so bend
Him cyaan hold 'em
Some lean on their father
Some boys lean on their mother
Some lean on godfather
Some lean on godmother
Some lean on God
Some lean on goddess
Some lean on Pharisee
Some lean on Sadducee
Sometimes in our life
Everyone needs someone to
Lean on.

A schizophrenic view – Joel Okoth Ouma

A drowning man clutches
At a straw
But every now and then
Once in a while
Everyone needs someone
To lean on
Some lean on lawyer
When the case too hot
Like say when they grab public
Land but don't want to leggo
Some lean on court judge
When judgment against
Them is imminent
They write a six-figure cheque
And the leaning comes out
Perfect
Some say Kamlesh Pattni
Did such a leaning
Some say the Goldenberg
Scandal was in itself
A form of leaning
Some say Mumia Abu-Jamal
Cant lean and that
He has to go to hell or heaven
On whom did Kibaki lean on
That lead to the bloody post
Election violence?
Some say that Mugabe does lean
On someone and that
The junta in Burma has someone
To lean on and that is why
It cant fall

A schizophrenic view – Joel Okoth Ouma

Some say that George W.Bush jnr
Leaned on someone
And won the controversial election
Some say that the leaning
Happened in Florida
But what I am certain of is that
Sometime in our life
Everyone needs someone to
Lean on

Time changes with every
Strike of the clock
And so the need to lean
On someone also intensifies
Children are taught that
Education is the key
so some lean on science and
technology
some lean on mathematics
some lean on business subject
a few of them still lean
on agriculture
some lean on literature
some lean on teacher Judy
some lean on principal Henry
some lean on rugby coach
some lean on drama teacher
some lean on drugs
and fall out along the way
and try to find something
else to lean on
and find themselves leaning on
gun barrel

A schizophrenic view – Joel Okoth Ouma

and go on and lean on casket
sometime in our life
everyone needs someone to
lean on.

Politics and religion take
a big chunk off our daily
lives and so most people
lean on these aspects
some sympathize with Mc Cain
and so they let Republic party
lean on them
they say its the grand old party
so it leans
hard and make their shoulder sore
and so some run away and go lean
on Democratic party
they lean good and vote for Obama
and race relations improve
in Kenya political parties
change colors like chameleon
some lean on D.P
some lean on F.O.R.D
Some lean on O.D.M
Some lean on P.N.U
Some lean on G.B.M
Some lean on U.M.M.A
But just after election the
Parties sublime in thin air
Like morning dew
An let them fall back to
Their leaking houses
And hungry children

A schizophrenic view – Joel Okoth Ouma

Who at last find someone to
lean on
sometime in our life
everyone needs someone to
lean on.

A schizophrenic view – Joel Okoth Ouma

STUMBLING BLOCKS

Sometime I run an stumble
Sometime I walk an stumble
Nevertheless I rarely fall
Cauz I am strong
Cauz I am stable
Like a tree dat groweth
By di river bank
But sometime
I don't even stumble
I just fall with a thud
Like a bagful of yam
And wen I fall I lay doun
For a while
An try to visualize wat happen
Sometime I get to know di reazin
Sometime I am lost of reazin
Just like wen lightning bolt
Strikes yu from without
In broad day light
Wen di weather is right
An so I just stand up
Pick up miself
Tie up mi shoelace
An join di race
Di race is tight
Everyone wants to be first
Everyone is so fast
Some o' dem fall even befah dey start
Yu woulda tink dem haff no lungs
Most o' dem fall along di way
Wen di race gets so intense just

A schizophrenic view – Joel Okoth Ouma

Like wen di cat cyaan catch di
Speeding mouse
A few o' dem fall at di finish line
Wen dem muscles crumble
An dem just cyaan manage
To do di last sprint
An dem eyes just pop outa
Dem socket coz of di shock
Of losin at di finish line
I fall at di start
I fall a long di way
But I never fall at di finish line
Sometime I run an stumble
Sometime I walk an stumble
Nevertheless I rarely fall
Coz I am strong
Coz I have di will to live
I n I as an African
I am often faced wid
Greater challenges in life
I am often borderated
I am often conned
I am often indoctrinated
I am often doungrouded
I am often used fi experiments
Just like wen China tests its
Fake products on me
I am often kept away fro di truth
It's like a conspiracy 'gainst me
It's like a well thought out plan
It's like colonization all over agen
It's like it's planned for dem gain
Sometime I work an grumble

A schizophrenic view – Joel Okoth Ouma

Sometime I work an crumble
Like cookie
Sometime I work till late
An di cock crows an goes to bed
Agen but still I work away
Di night for meager pay
Sometime I work harder
Than a donkey
Pushin an pullin like a Rambo
Sometime I run an stumble
Nevertheless I rarely fall
Cauz I am focused
Cauz I am wiser
Cauz I am always watchin yu
Tryin to see me fall
Tryin to mek me fall
But all of dat is a long dream
For I will never let yu
See me fall.

A schizophrenic view – Joel Okoth Ouma

KISMET DEFINED

Mi wake up early
In de morning
Fi go luk fi work
But mi finds a big bold notice
Sayin an warnin dat
No job available here
    Lawd!
White Dove fly over mi head
Black Owl perch on mi head.

Mi restin under a shade
Afta a lang deh af hustling
Wen a policeman arrest mi
And charge mi wid idling
    Lawd!
White Dove fly over mi head
Black Owl perch on mi head.

Mi a guh to court fi face trial
But de judge just luk a mi torn clot
An mi rough hungry face
An im slap a five-year jail term pon mi
    Lawd!
White Dove fly over mi head
Black Owl perch on mi head.

Mi a guh penitentiary an get beaten
To pulp by de warden
An addah inmates
An mi seh
    Lawd!
Wha a dis?
Lawd why mi?
White Dove fly over mi head

A schizophrenic view – Joel Okoth Ouma

Black Owl perch on mi head.

Now mi done mi jail term
An come back a yard
An dey now call me ex-con vict
No one a want see mi near im yard
White Dove fly over mi head
Black Owl perch on mi head.
      Lawd!
Sent mi a white Dove
To perch on mi head
An mek de black Owl
Fly over mi head.
.

A schizophrenic view – Joel Okoth Ouma

SUSAN I CYAAN LOVE YOU

To: Susan Richwelth
   Buruburu estate
   Phase 3, Nairobi City.

Dear Susan I hope dat you are fine
I am okay and I am sorry bout mi lang silence
I hope dat yu receive dis lettah wid a light heart
I know dat you tried calling de number
I gave yu in vain
I also tink dat yu wrote many lettahs to
De address I gave you
Sorry Susan for I deliberately
Gave you de wrong contacts

Wen I recall dat deh wen we met
I recoil and uncoil in my seat
And shivers run doun mi spine
And I miss you so much
But I cyaan love you Susan

Dear Susan I can still remember
Dat beautiful face an those lips
And your sweet voice and sexy eyes
I still remember wen we met at dat party
At the carnivore club
I know you can remember how
Sharp I woz dressed in dat grey suit
And how I flashed de dollar bills like a pimp
Susan de suit was a borrowed one
And de cash woz a loan fram an old friend

A schizophrenic view – Joel Okoth Ouma

Wen I recall dat deh wen we met
I recoil and uncoil in my seat
And shivers run doun mi spine
And I miss you so much
But I cyaan love you Susan

Dear Susan fram de start I knew
Dat I only wanted yu fi de moment
Especially wen you told me your address
And told me about yu rich family
At dat instant I knew dat we was birds
Af differen feathers
Susan mi is just a ghetto bwoy wid no jab
Or J.O.B as us called it wen
You asked mi about mi
J.O.B and I told yu dat mi is a journalist
I lied to you Susan and as you can read
Mi grammar is worse than dat of a Pickney

Wen I recall dat deh wen we met
I recoil and uncoil in my seat
And shivers run doun mi spine
And I miss you so much
But I cyaan love you Susan

Susan am sorry fi all de lies
But Susan I blame it on the excess booze
We partook dat deh and de extra cigarette
We smoked together doun at de dark hallway
Susan I hope dat you forgot bout mi
When you sobered up
If not then I am very sorry my dearest
Susan I also blame it on your crazy lust

A schizophrenic view – Joel Okoth Ouma

An how you forced mi to book a room
At de Laico Regency Hotel
All in all am sorry bout everytin and
I just wrote to tell you dat I cyaan love you
Because our worlds are far apart
Susan yu are used to wealth
While mi is jus a poor chap fram de ghetto
I cyaan love you Susan.

From: Yours wid and in great regret
        Powell Muskini.
        Kibera Slum,
        Railway Street, Nairobi.

A schizophrenic view – Joel Okoth Ouma

SWITHEART

Switheart
permit mi fi
call yu swiry
Yes yu luk swita
Wen yu noh wear dark sweta
Bin wachin yu
For a while nau
Wachin mi wach yu
Sinyorita
I heard em call yu Rita
Yes yu luk beta
An greta
Wid di addah sweta
Lang time since
Me sin yu pass by
An nau dat yu hia
I can fil de sin bell
Swingin doun below
Mi waist lain
Like a pendulum
Slammin 'gainst mi pants
An it seem to be wantin
Casanova gal
Help mi get ovah
Dis crazy feelin
Before I start fallin
Doun at yu feet
Beggin for a feast
I am noh Romeo
But jus a simple Moran
Full of morals

A schizophrenic view – Joel Okoth Ouma

Yu culd be mi Juliet
I could be yu Julius
Let me know by July
If yu accept me proposal
Then I will pay de dowry
Afta wich we will drown
In deep waters of love
Wid no worry
Only story
An mek we a family
An multiply
Fill de earth wid
Ramus an Romulus
Apiyo an Opiyo
Jus like Adam an Eve
Mek de world grow
Outa we groin.

A schizophrenic view – Joel Okoth Ouma

VIRUS INJECT DUB (H.I.V POEM)

Friday evening
End month
Everyone partying
Man gets a call
From wife
Wife sayin dat she on
The next bus home
Mum sick
Urgency highly recommended
Man smiles in him heart
Him voice very concerned though
Man says, "Ok dear"
Woman smiles in her heart
A likkle giggle an she
Wraps her hand tighter
Round her secret lover
Blood rush
Veins tighten
Pores open
Virus Injected!

Meanwhile
Man orders more liquor
Bottle poppin non-stop
Brain impairement
Every woman in pub
Now beautiful
Man starts fi touch
Around
Morale boost
Rising

A schizophrenic view – Joel Okoth Ouma

Man leaves pub in a flash
Man heads dountoun
Nairobi city, River road
Plenty af skin doun there
Man hits de
Ramping shop
Whore ogles
Man smiles back
Door slammed
Muscles flex
Adrenaline rise
Sweat
Agony
Pores open
Virus injected!

A schizophrenic view – Joel Okoth Ouma

POETRY OF POLITIKAL TIRADE

Strings and fabric
of sufferation and downpression
Woven together culminating
in unspoken works of paranoidism
And petals of poverty
and disillusionment in the nation
This is the beginning
of the poetry of politikal tirade
To be continued in your mind.

Propaganda and lies disseminated
by the government spokesman
In unmanly but still his trade mark style
 resulting in two stones
Getting hurled
at the sleeping president
And a member of the august house
brought down by the gods
from his private jet
to the six feet hole down below
Truly the gods must be crazy!
Yes, this is poetry of politikal tirade
as served to u hot by an incognito
To be continued in your mind.

Breathin spaces and tiny windows
of jailhouses turned black
By the tarred breath of politikal prisoners
With black marks on their bodies
From cigarette burns
inflicted by the government's

A schizophrenic view – Joel Okoth Ouma

dark-heart torturer
The dictators in Burma must release
our hero Aun San Suu Kyi
From house imprisonment
Yes this is poetry of politikal tirade
as shouted to you over the walls
by an activist
To be continued in your mind.

The chimings of bells at the Vatican
Waking up the pope to the realization
that his priests are now rapists
And the sounds of bells waking up the
Archbishop of Canterbury to the rude shock
That his leading bishops are now batty
Yes this is poetry of politikal tirade
as ranted to you live by a radical
To be continued in your mind.

Talibanry is fascism
and kun klux klanism
woven into one wicked kanzu.
Allah wants women to learn
even in Afghanistan and Baghdad
But the Taliban splash acid
in their beautiful faces
in the name of allah
As Osama bin Laden kills and maims
in the name of this same allah
Who is this allah they serve?
Jihad of the unloving and murderers

A schizophrenic view – Joel Okoth Ouma

will never take a soul to heaven.
Some brothers are crazy!
Yes, this is poetry of politikal tirade
as preached to you by al a jab bin x
To be continued in your mind.

Politricking with the environment
to score points
For the next opinion polls
as the great Mau forest slowly disappears
Minister Ruto and his ilk are maga dogs
That should be caged up
before they infest the environment
with desert rabies
Let lions and tigers
feed on the tree fellers
in the Amazon forest
And the garbage
from the palatial homes
and the upper class of the cities
Banned from being dumped in the ghettos
The rich make the ghettos stink
with their radio active wastes
And claim that the slum dwellers are dirty
This is poetry of politikal tirade
as conserved to you by the environmentalist
To be continued in your mind.

A schizophrenic view – Joel Okoth Ouma

LETTER TO INGLAN

I am writin dis poem for Inglan
I am writin dis poem in Inglish
I am writin dis poem in font 12
Times New Roman
But it shall not be published iin your
Times magazine
I am not goin to italize dis poem
I am not goin to let you say dat
I wrote dis poem in Italian or italic
And dats why yu could
not overstand dis poem.

I am writin dis poem
To demand
To compel
To order
Mystery Inglan to return all our artifacts
Dat yu stole durin yu colonial thievery spree
Yes yu were not only land grabbers
And rapists
And murderers
And conmen
Yu were also thieves and robbers of history.

I hear dat yu present Brixtans say dat
Its yu grannies who brought home de loot
I am writin dis poem to remind u dat
Possession of and handling of stolen guds is a crime
Does not your unwritten constitution say dat?
The queen of Inglan and de prime minister
Are accomplices in dis crime

A schizophrenic view – Joel Okoth Ouma

I am writin dis poem for Buckingham palace
I am writin dis poem for 10th Downing Street.

Dis poem is not happy but sad
Dis poem is filled wid tears of victims of
Mystery Inglan's
Wanton theft
Beastly rape
Violent beatings
Unpronounceable abuses
Brutal murders
Tears on dis poem makes de fonts seem smaller.

I am writin dis poem to
Demand dat Inglan pays compensation
To Africa for destroyin her livity
By visiting her wid violence
for years and years
Dis poem is bleedin wid de blood of
Africans who were killed by de
Order of God curse de queen
Dis poem's blood is drippin into de
Queen of Inglan's meaty meal
Dis poem is red, black and green
Dis poem is blood, African and land.

I am writin dis poem with reference
To de previous many letters
dat my forefathers
Wrote and send to de queen of Inglan
Letters dat de queen never bothered to read
Letters dat were hand written
Using blood, paper and cracked hands

A schizophrenic view – Joel Okoth Ouma

Cracked hands from over 400 years of torture
Dis poem is just a repetition of previous letters
Letters dat were burned at the palace fire place
Letters dat were used as toilet papers
By de palace workers and princes
Dis poem contains de same demands
Dat were carried in the previous letters

I m writin dis poem for the
Queen and the Prime minister of Brixtan
But dis poem shall not
Be confidential
Be sealed
Be posted at de post office
Be send by email
Be send by sea
Be send par avian
But dis poem shall go 5 times
Around de world like a rumor
And dis poem shall land on
De prime minister's office table
De queen's dinner table
De queen's dressing table
Dis poem shall and will reach Inglan.

A schizophrenic view – Joel Okoth Ouma

RELIGIOTICS

A hang-licker sey dis
A catalyst sey dat
de papa sey dis
de ark bishap sey dat
me cyaan overstand a who
af dem a sey de truth
Me wanted fi become a preacher-man
Suh me went an aksed
wha a need fi do
Fi become one.

Me went first to di catalyst faddah
Di catalyst faddah im tell mi
Fi tek a celibacy vow an
Gi up di conjugal
Now me rily got scared
Cauz me wanted fi have
Me own family one dey
An suh me lost hope
An decided fi guh try
Mi luck at Canterbury.

Dung deh at Canterbury
T'was a diffren sankey
dem a sing
Dere dem did sey
its oll rite fi marry
An suh de bishap toll me
It woz alright learning me
Preachermanship doun deh
But mi get rily kanfused

A schizophrenic view – Joel Okoth Ouma

Wid dis olladem religoitics
Cauz it soun an taste polietics.

Religiotics and polietics
Are stranglin religion an
Killin spirituality cauz
She-height sey dis
Sonny sey dat
Christian sey dis
Muslim sey dat
Judaist say annadah
An I and I Rasta
Just a ear dem
dis an dat
While me meditate
Pon mi prendys
An reach me spiritual
Mountaintop.

A schizophrenic view – Joel Okoth Ouma

DEVIL IN THE BALLS

Pen on paper
Ink on Pulp
Pulsating of the finger tips
Pulses of the heart immortalized
By the ball point of my pen
Sacrament at the altar
Unleavened bread with wine
Church of the drunkards
Priests set loose on pageboys
Pressing their chests
Against their backs
Compensation all paid
By the Vatican
Celibacy is a Bitch

Pen on paper
Ink on Pulp
A bowl of water after the
Stretching and the bedminton
Recite the Pulsa Dinura
Jump from the altar to the ground
Below if you are a true man of the cloth
And I will catch you before you fall
NO!
I will let you fall like
A bagful of sand
For you have contaminated
The priesthood
Celibacy is a Bitch

A schizophrenic view – Joel Okoth Ouma

RIDDIMIN DI SYTEM

Ripples af riddim rippin
Into di shitstem's ribs
Releasin ripen hidden pain
Riskin repulsion
Seeking repartriation fram
Di shitstem
Riddims of time
written
In riddim an realesed as
Reggae resistin
Di shitstem
Ringin riddim rejectin di
Riggin af di ilekshion
Leadin to di detenshion
Af di rizistas by
Di shitstem
Sleepin an eatin nothin
In tiny stiflin units
Lickin an beatins
in detenshion
Sahfferin an rejekshion
Silence an di repetishion af
Di riddim
clingin an clangin
to di reality
rhymin riddim outlining
underlining di need fi
liberieshan of di peeple
riddims af time rapturin
di violin an thus
mashin di prison walls an

A schizophrenic view – Joel Okoth Ouma

freeing di activists
fram di dungeons af
Di shitstem
Riddim reelin back
To silence.

A schizophrenic view – Joel Okoth Ouma

SERIOUS TING

It's a seriously serious ting
Just like wen yu dash outa
Di crib like a Usain Bolt
Caaauz
Yu late fi work
Yu run up di stage an board di
Fus bus yu see
An yu realize dat yu ave
Nat carried di bus fare
Wid yu
An di collector is waitin fi yu
To pay up
Yu iyes roll in dem sacket
Like owl iyes
An di addah commuters cry
"wat a shame"
An yu get thrown out
Half way di trip then agen
Yu realize yu had actually boarded
Di rong bus
An yu now lost in a jungle
Wid noh penny in yu packit
It's a seriously serious ting
Just like wen yu plan fi buy
A new seat
at di end of di month
an wen end month a com
yu realize dat more bills
ave com to yu mailbox
an yu electricity an water bill

A schizophrenic view – Joel Okoth Ouma

ave tripled
yu cyaan afford di seat
instead yu run a deficit
an yu say laaaaawd!
Have meeeeercy
It's a seriously serious ting
Just like wen yu taken ill
An yu go dong at di hospital
An wen yu com back
A yard
Yu find yu likkle bwai
Has developed measles
An im need urgent
Medical attention
An so it's a general attention
Fi yu
Yet yu broke like glaaaass
It's a seriously serious ting
Just like wen yu
bounce a ride
an it happen dat di
car yu in is a getaway vehicle
an di bank robbers want fi yus
yu as a shield
'gainst di police bullits
An so yu lose consciousness
An wake up hours later
In a jail house
An yu told dat di rest o' dem
Violent robbers were
Gunned dong
An luckily
dey caught yu

A schizophrenic view – Joel Okoth Ouma

an soh yu prepare fi defend yuself
ar face di electric chair
it's a seriously serious ting
just like wen yu attend di
Sunday prayers
An befar yu even
Receive a revelation
And accept salvation
Di preacher man pins yu dong
An di holy bredrens an sistrens
Squeeze yu head till
Yu cyaan tek di pain
No more
An yu bawl out fi mercy
An chant
Amen
Amen
May it be so
Oh yes I am saved
An dem squeeze yu agen
An dem cast out demons
An dem break up di chains
An dem cast out demons
An dem leave yu fi fall
An dey baptize yu wid
A brand new name
Yu become
Bratha ar sista
Somethin ar someone
Involuntarily an yet yu
Still enjoy yua sins
An now yu haffi pretend
An wear a mask

A schizophrenic view – Joel Okoth Ouma

Every time yu visit yu favorite
Rat hole, den ar pub
It's a seriously serious ting
Wen di tap runs dry
Wen di rain pounds like a water fall
Wen di taxman takes away yu stock
Wen a six year old is shot
In bed by a cop
Serious tings run around and about
Just like wen fish bone chokes yu.

A schizophrenic view – Joel Okoth Ouma

CORNER YOUTH

Early in de morning
As yu guh out to work
As yu guh out fi look for job
You pass dem at de corner
Of every neighborhood
Some of dem are good guys
Some of dem are crooks
Waiting for yu to guh out
Waiting to get inside your house
Dis youth are lay a bouts
Dis youth are lethal
Dis youth can break in
Dis youth can break yu
Dis youth will beat you
Dis youth will kill you

Late in de evening
As yu come home from work
As you come home from lukin fi job
Yu pass dem at the dark corners
Of every neighborhood
Some of dem are knife guys
Some of dem are gun guys
Waitin for yu to pass by
Waitin to take your earnings
Dis youth are daring
Dis youth are dreaded
Dis youth can slap you
Dis youth can stab you
Dis youth will burst you
Dis youth will burry you

A schizophrenic view – Joel Okoth Ouma

Every year
As you guh about your business
Passin at the corner
Purse in hand
Pulse in heart
Pace in feet
Police in mind
Pistol in jacket and
Peace without
Do you ever pose for a second to think?
If dem youth can get help
If dem youth can get job
If dem youth can make peace
If dem youth can redeem
If dem youth can reform
If dem youth can leave de corner
If dem youth can guh out in de morning
If dem youth can get back home in de evening.

A schizophrenic view – Joel Okoth Ouma

NUH YIET FREE

Yes we haff com fram far
wid de struggle
fi gain our freedam
tru turbulent waters
violent winds
chunkin fires
we haff com fram de days of
slavery
apartheid
Sus-law
segregation
we gun tru tick an tin
we gun tru dark an red
we gun tru iron bar
an electric chair
but it is a sad tin
dat we nuh yiet free
boun we boun still
cuffs we cuffed still
we discriminated 'gainst still
yes we now got we own as de
most powerful leader in de wald
a blak amerikan president
 but blak sheep
we are still called
we nuh yiet free

we still at de sea
de monsoon winds
of pawty pallyticks
stingin an suckin we hope

A schizophrenic view – Joel Okoth Ouma

rivers of blad
run tru de lan
to de deep battam of we sea
an dem leaders pretend nat to see
an suh we sip
an sleep
on misery
as dem leaders
go forth to France
to put up new palace
dem side wid de colonizer
an clip a we wings
an claim dat we noh
nat to fly
time runs stiff
we ribs stick
outa flesh
hunger thirst
heat cold
cyaan get nuh food
cyaan get nuh shelta
in a dis a tyme
yet we independent
time a reel
we haffi mek it real
cauz
we nuh yiet free

A schizophrenic view – Joel Okoth Ouma

LYNCH MOB CULTURE

lynch mob is a culture
a terrible culture it is
come mek I tell you how kimani
did get lynched
kimani woz jus a humble bwai
kimani im went to de big city
to pay a visit
to im aunty an uncle
im never seen suh many cars befah
im never seen suh many peeple
im never seen suh many shaps
suh likkle kim im went fi a walk
at de centre af de the city
traffic lights
hooting cars
hurrying peeple
transparent wall
kimani staps, an stares
thru de wall into de shap
yu woulda call it window shaapin
suddenly a cry an a shaut
fram inside de shap
"thieeeeef maaan!"
come mek I tell yu how kimani
im did get lynched
traffic lights guh aff
hooting cars stap
hurrying peeple
start fi run towards likkle Kim
kimani gets scared
kimani starts fi run

A schizophrenic view – Joel Okoth Ouma

cauz im canfused
cauz im knows noting
de chasin crowd start fi grow bigger
de man wid de suit joins in
de woman wid de baby joins in
de idler at de corner joins in
de mechanic joins in
carryin an old car tyre
de kids comin fram school join in
de churchman joins in
kimani gets breathless
crowd gets stronger an swifter
a youth in de crowd throws a rock
kimani is hit, an falls.

come mek I tell yu how Kimani
im did get lynched
de beatings start fi rain doun
de slaps and de fists
de rocks an de blocks
de clubbin and de whippin
kimani bawls fi mercy
his mouth gets kicked in
his teeth pour doun
im eyes get jooked
his ribs get licked
someone in the crowd shouts out
finish im!
now the thumping gets intense
now de big rocks start fi land
now de metal bars start fi crash
kimani cyaan breath nuh more but
the poundin continues

A schizophrenic view – Joel Okoth Ouma

brains getin poured out
lungs getin punctured
bones getin cracked
hair getin pulled out
balls getin mashed
machete cuts im throat
blood gushes like wota fram tap
an im heart staps
kim dead.

mek I tell yu dat it nuh end yet
de mechanic wid de tyre gets meaner
likkle kim gets rolled into de tyre
petrol gets poured
matchstick strikes
fire roasts de already dead kim
police car sirens in de distan
de crowd sublimes like morning dew
de policemen find only roast meat
an throw it in dem vehicle
an take aff fi de morgue
kimani gone jus like dat
aunty an uncle cry blood
lynch mob is a culture
a terrible culture it is.

A schizophrenic view – Joel Okoth Ouma

MI POLITRICKAL CITIZEN

Me decided fi stay indoors
Nursing me own prablems
An havin a reaznin widin miself
When all an a sudden
Me heard shouting outside mi house
Noises by mi window
An me wondered who de heavens
Woz makin such noises
So me guh out to tek a stack
An' wen me reached outside
Me got a shack.

Mr. Politricker
Had gathered people on de
Pitch to give em a speech
An im woz bubblin an boilin
An de crowd dem was
Cheerin an' jeerin
An de whole place woz
Like a carnival
An' suh me went up to im
An' said,
Dis wat me said:
    Wat d'yu tink yu doin mr.politricker
    Campaigning for de next ilekshion
    Wen de last ilekshion woz only last wik
    An' yu did lose it miserably
    Wen de people dem voted yu outa office
    Why yu cyaan get done wid de politics
    ting?
An im replied,

A schizophrenic view – Joel Okoth Ouma

Dis wat im said:
>Thanks fi comin to mi meet-de-peeple tour
>An' thanks fi de gud questions
>First an foremost ilekshion is a culture
>An' de peeple mus preserve culture
>Next an second most
>De next ilekshion is jus around de corner
>It woulda seem like its 5 years away to yu
>But fi me its jus an arms stretch away
>An' so I haffi lay de base an faundieshan early
>Fi its gud to mek hay while de sun still a shine.

Me jus luked on in shack and sighed
An' said to im,
Dis wat me said:
>Why d'yu come around every year
>Wid brand new pramises
>When yu haven't even kept de previous ones
>Yu mean say we go feed on pramises
>Year afta year while yu feed on public funds
>Whe'yu guh stap pramising an mek society grow?

An' im luked at me an replied,
Dis wat im said:
>Thanks again Mr. Citizen for de gud question
>Third an far most let me say dat every
>Nation haffi ave plans fi its people
>An' our nation is no excepshan

A schizophrenic view – Joel Okoth Ouma

        Yu see Mr.; dis plans change as society progresses
        An I cyaan promise de same tings me pramised last year
        Coz dat would retard de growth af de nation
        An so a brand new pramise haffi be made
        All over again
        An' achieved wen me gets to power.
At dat point me get really vex
Coz de noises were getting intense
An de tension in me woz risin
An adrenaline in me woz pumpin
For me woz thinking about mi family
Back in de house
An a whole lotaf prablems me woz havin
An suh me turn white as snow
An de anger in me as a result of
De hunger in me burst open
An me luked im in de eyes wid me red eyes
An started to rant like a mad man
And I said to im,
Dis wat I said:
        Mi politikal citizen you makin me really vex
        Wid yu stupid reaznins
        An yu illegal campaign
        Next to mi house
        Whe'dyu get de license fi politrick here anyway
        Don't yu know dat inside me shackle
        Me got plenty af problems as a result

A schizophrenic view – Joel Okoth Ouma

        Af yu politricks wid no developmental agenda?
        Don't yu know wat yua politrickal noises Av done?
        Well let me tell yu dat yu noises:
        Ave woken up mi patient who's in great pain fram
        Scars sustained durin de past ilekshion violence
        Which yu sponsored wid peeple money
        Ave woken up my adopted baby
        Saved fram de fires of de past ilekshion violence
        So shut up yu filthy politrickal mout
        An get outa mi yard.

Wen de people dem heard mi ranting
De people dem turn beastly
An started fi approach de politricker
Shoutin an bayin for im blad
An mr.politricker got really terrified
An told im body guard to rush im
Into im waitin limousine
An he took of but not befah lukin at me outa
De window of im posh car
An he said to me,
Dis wat im said:
        Me a guh come round dere still to politik
        For its said an written dat
        He who campaigns an is run away
        Lives to campaign annadah day.
Me jus smiled in mi mind and
Went back inside mi house.

A schizophrenic view – Joel Okoth Ouma

DEMISE OF A POLITRIKSTAH

Yu keep on talkin an takin
Aweh fram de poor
An promise yu still a promise
An de poor still haffi
borrow an burrow
Fi food at de dumpsite
Meanwhile yu still lickin yu fingers
Awfta fillin yu bang belly
Wid yu five starred
Three coursed junk meal
But one deh de beef bones
A guh choke yu really bad
An dat deh while yu are lyin
Doun dere wid yu eyes
Poppin outa dem sockets
Wen de cold engulfs yu whole body
And yu blood freezes
Wen de scarin heat aff

Death pounces
        On yu liesful soul

An yu blood dries up like corn flour
Dat deh yu liesful life
A guh flash in fran aff
Yu milk fed white eyes an
Wen de pangs af death dig deep
Andah yu korrupted over proteined skin
An sekkle inside yu belly
Den de people yu lied to an despised
A guh carry an bury yu carcass doun

A schizophrenic view – Joel Okoth Ouma

At de public cemetery
Amongst da poor yu lied to
Six feet dung
Yu will guh wid yu
Lies
Lice
An greedy public fund suckin mouth
Mr.politrikstah beware for
I can hear de soun of funeral bells
Fram a distan.

A schizophrenic view – Joel Okoth Ouma

ELIMINATING A POLITRICKER

I watch him keenly
As he gives out di bribes
then he takes to di stage
amidst di jeering
of di peeple
He takes out a paper
from di pocket of his
sleek jacket
and wid a wicked sneer
He begins to read
a skewed manifesto
though we are too tired to hear
at dat moment I start
pushing forward
goin round toward
di stage
He is now only a tempo away
from my defeaning pulse
He chants his politrickal anthem
and then recites di tribal slogan
I get more vex and red
I stealthily get nearer
him
And as he begins to lie
I stick di entire ting
into his spine
I immediately surrender
lest I be shot
His bodyguards beat me doun
Blood, siren and confusion
ambulance

A schizophrenic view – Joel Okoth Ouma

I smile in my mind
cauz I know dat he won't
can't survive di fatal stab
for I had
beautifully poisoned di knife
wid customized venom
I had prepared
for years and years
just for him
just to eliminate
dirty politics.

A schizophrenic view – Joel Okoth Ouma

HOW TO KILL A GOLIATH

Goliaths have taken over de land
Goliaths have taken over de East
Goliaths have taken over de West
Goliaths, goliaths all over de land
Goliaths have taken over de politics
Goliaths have become pollytricksters
Goliaths have taken over de South
Goliaths have taken over de North
Goliaths, goliaths all over de land
Goliaths have taken over de economy
Goliaths have run doun de economics
Goliaths have taken over de environment
Goliaths have polluted de environment
Goliaths have destroyed democracy
Goliaths have embraced dictatorship
Goliaths, goliaths all over de land
Gong sound thunders and de people
Grow restless and devise ways to destroy goliath.

Yu can kill a goliath using a rock and a sling
Yu can kill a goliath by using a rock and a catapult
Yu can kill goliath by poisoning its food
Yu can kill a goliath by shooting it wid a rifle
Yu can kill a goliath by burning it doun
Yu can kill a goliath by mashin its brain in
Yu can kill a goliath by bombing it
Yu can kill a goliath by spearing it
Yu can kill a goliath by boxing it to death
Yu can kill a goliath by bustin its head
Yu can kill a goliath by cutting its air supply
Yu can kill a goliath by chasin it away

A schizophrenic view – Joel Okoth Ouma

Yu can kill a goliath by holding demonstrations
Yu can kill a goliath by sharing power with it
Yu can kill a goliath by ousting it from power
Yu can kill a goliath by voting it out en mass
Yu can kill a goliath by ex communicating it fram church
Yu can kill a goliath by praying for it
Yu can kill a goliath by ignoring it all together
There are many ways to kill a goliath however
The method used should measure to
The the notorierity of the goliath.

A schizophrenic view – Joel Okoth Ouma

MIGGLE EASE

Me get fi ear dat it's de
miggle
of de wald
olla see is lang rong
missile
war fi de centre
at de miggle ease
yu coul
kill kill Yossi
kill kill Yitzhak
kill kill Yeshua
crucify im to a piece
of wood
curse im in a hallow cast
an still miss
peace
ease
place
yu coul
kill kill Ismail
kill kill Saleh
kill kill Musleh
shawa im wid
wite farcepras
burn out im flesh
an bones
shoot shoot de kameraman
cut off de han of de jonahlis
so im cyaan write
but pitcha speak
touzan words

A schizophrenic view – Joel Okoth Ouma

an silence has two sides
truth a still reveal
de wey yu a repeat
de same mistake
is it de miggle of de city
is de miggle of de poverty
at de miggle of de gaza strip
is it de miggle centre
or is it de left wing miggle
maybe its de rite wing miggle
yu culd trow missile
at de miggle of Sderot
yu culd bus zooka
an create
mo unease
mo disease
mo decease
but me rily wondah
if de salution is at de centre
wen yu decentralize
a hole heepa peeple
fence up dem wald
wid a waal of shame
curve out de farmer
curve out de wuka
from de farm
in de name af
protectin _erusalem
de land at de miggle
if it is a promised lan
why do bombs have fi land
at miggle of Gaza strip
at miggle of Sderot

A schizophrenic view – Joel Okoth Ouma

in adda fi get de promise?
a who dat maim fi retain
a promise?
(or is it fi personal prominence
creatin dis nonsense?)
a hole yu wan de hole
piece a land
an wat yu lose is piece
of mind
an run mad
in de mud
wid yu war tank
tell me wat about de
peeple hu perish
nau an den
in de miggle ease
do dem get ease
do dem get de peace
do dem tes de promise
me tink dem bleed
till no end.

A schizophrenic view – Joel Okoth Ouma

MISS TREE

Gud morning miss tree
Its no mystery
de wind a blow
de leaves dem dance
fi de tune of de wind
Wangari Maathai
she a luk an smile back
how are yu doin today?
she aks dem trees
an yu shuld see ow
trees dem a sing an dance
for de queen
mahogany tree
eucalyptus tree
pine tree
cypress tree
surprise has come
Wangari maathai
water can in hand
time fi quench dem thirst
wid precious breakfast

yu shuld see har
beautiful walk
pretty smile
sweet talk
an open heart
as she talks to dem trees
oll over de world
in a Japan
in a Congo

A schizophrenic view – Joel Okoth Ouma

in a America
oll a dem trees
recognize har lovely
African dress style
no waistline
no waste time
time fi plant
an teach de masses
de need fi mass up
energy not to mess up
de plants
but fi conserve
an converse wid de environment
Wangari Maathai
she a real queen of de jungle
de protector of forest virginity

gunshot rends de air
de peeple dem
a run fi cover
tear gas
bleeding eyes
whip cracks body
handcuff cut hand
blood oll over de
forestland
Wangari Maathai
she a fite
no fright
only wants equal rights
for de trees
we know dat its no easy
an we see ow de system

A schizophrenic view – Joel Okoth Ouma

it a try
fi bring har doun
but tru conference
an street battle
she swore
fi keep de Karura forest
alive
by any means
tru charter or mass action
nanny no get weary.

News flash
new dawn
radio wave shatters
de silence
trees sing such a rhythmic
hymn
church bell chime
train stops
traffic jam
de whole of Africa
roars in a celebration
cape Verde to Egypt
Somali to Ghana
on every street
alleyway
dark tavern
worship place
battle field
Congo forest
Amazon forest
deafening silence
and African drums

A schizophrenic view – Joel Okoth Ouma

combine and lock
into a one mighty song
Wangari maathai
she a get de
Nobel peace prize
de first black woman
fi hold de prize
pride fi oll black women
African woman
great you a great still
leadership is your skill
no man can steal
Wangari maathai
plant more trees
bring peace
fi de world
Jah bless de African woman.

A schizophrenic view – Joel Okoth Ouma

JUDAS ISCARIOT IS ALIVE!

Poetry for Judas Iscariot
could have been glass cutting
Until my bare eyes saw Iscariot alive!
Heathen music in churches
blasted from woofer speakers
thus defeaning the congregation
to the true meaning of prayer
And making Jesus look down in sorrow.
Judas Iscariot is alive!

Half naked women with
no fear of the holy place
Doing their dirty whine
to the gas-spell
(somebody say gospel)
Tunes in their skimp skirts
making Jesus look away in shame.
Judas Iscariot is alive!

Announcement from the church bosses
Calling for immediate contribution
towards the church kitty
For the purchase of the bishop's
palatial home and benz
As the congregation
grows poor and poorer
Making Annaniah and Saphira
look good
And Jesus to shade a tear

A schizophrenic view – Joel Okoth Ouma

Judas Iscariot is alive!

Alcohol and cocaine
hidden in church closets
bought using church contributions
and swallowed secretly by the priest
before taking to the altar
to call for another contribution
making Jesus look on in awe.
Judas Iscariot is alive!

wives remaining behind
after the church service
To seek solace from the priest
In matters conjugal leading
to holi-stick (somebody say holy)
pregnancies
Making wounds from Jesus'
crucifixion to open up again
Judas Iscariot is alive!

I saw him opening the church gate
with a wicked smile on his face
And counting his thirty pieces of silver
Judas Iscariot is alive!

A schizophrenic view – Joel Okoth Ouma

WOLF IN RASTA SKIN-(NAZAWRONG)

Salon processed dreadlocks
Puffing away your cancer stick
Red eyed pon da corner
Chewin your bitter leaves
Livin da life of a wolf.

Chantin distorted lyrics of reggae hits
Wrapped head to toe in
red, black, gold and green
Bustin the Jah Rastafarian slogan
Livin da life of a wolf.

Burnin Marijuana in da dancehall
Skankin away da nite to slackness
shakin your kommashial dreadlocks
Like a demon possessed
Livin da life of a wolf.

Now da cops pon your corner
U wanted for armed robbery and rape
U claim u is Rasta bein persecuted
Yet u is a wolf in Rasta skin
Nazawrong, Nazawrong
Livin da life of a wolf.

A schizophrenic view – Joel Okoth Ouma

K.K.K

in Kenya dem faam up
an idiot ting
dem call it KKK
oll world knows wat
dat stan fah
dey seh dem preparin
fi di nex ilekshion
but even a fool knows dat
kim, kalo an kip
are preparin fi a tribal war
a past ilekshion war
tribal leaders dem ave risen up
fram dere lang sleep
an tribal cocoons
Led by de most born agen
vice president of Kenya
me really see how
fool of vice im really is
cauz ow can
an apostle of Christ
Preach an faam up
a tribal brigade
Yu culda com wid yua
Corn clock ar clan
But mash up wi go mash yu
doun still.

Come mek I unveil
de brigade fi yu
Dem sit dung an
mek seh dat

A schizophrenic view – Joel Okoth Ouma

Since dem tribe names start
Wid a blad clot
lettah K
dem goh faam up
a kun-klax-klan
An use it to mash up
di ilekshion ting
Dem nuh care about di res a
dem thirty-nine citizens
Suh wha goh happen?
Wha goh happen is dat as
Soon as dem attack wid em
Tri-ballistics
De rest a dem thirty nine
A goh counter attack
KKK wen dem attack wi gonnah
Burn dem dung
KKK wen dem attack we gonnah
Crash dem dung
KKK wen dem attack we gonnah
Quench dem attack.
Suh me seh dey better brek
Up dem KKK brigade an
Waka fah fram here cauz if
Dem nuh do dat an attack de
Thirty nine
yanwah go gas an
It a goh be terrible dan di 9/11 o'
Cauz oll wi goh do is defen awaself
Yu culda com wid yua
Corn clock ar clan
But mash up wi go mash yu
doun still.

A schizophrenic view – Joel Okoth Ouma

LET'S TALK

Stop! don't do dat mistah man
Put doun di rock ting an come
rock to dis rocky words
an cease doin di wrong tings
fi suh lang ive bin watchin yuh
mistah man runnin dung di street
wid yu sling in hand
ready fi hurl
every time yuh have a prablem
mistah man come mek yuh
come tek a jooks over here
an lets engage in a reaznin
in a deep-law-matic
an solve di prablem
in a humanistic wey
yes by di mouth we can solve
any problem an leave di rock
intact innadi earth fi create
more fertile soil fi farm
come lets talk mistah man.

Stop don't pull dat trigger
An hit di one yu call nigger
Come lets get bigger an
Stop di senseless killins
Fi suh lang ive bin watchin yuh
Mistah officer runnin dung di corner
Wid yu AK47 in hand
Ready fi shoot
Every time di peeple riot
Mistah officer come mek yuh

A schizophrenic view – Joel Okoth Ouma

Come stand wid us over here
An lets get locked up in a talk
In a dis-caution
An fine a solution
In di old African wey
Yes by di mouth we can solve
Any misunderstanding
An leave di gun
Locked up innadi armory fi
Protect our sovereignty if need be
Come lets talk mistah officer.

Lets talk in a Zimbabwe
Lets talk in a miggle east
Lets talk in a Burma
Let's talk in a Congo DRC
Lets talk lets talk lets talk.

A schizophrenic view – Joel Okoth Ouma

STORY AF OUR RESISTANCE

Yu shulda seen how dem left de land
Sam o' dem left in peace
But mos o' dem left in pieces
Sam o' dem had a feast
But mos o' dem got de fists
In Kenya de Mau-Mau fighters
Shred dem to pieces
An made a feast outa dem flesh
Yu shulda seen how Dedan Kimathi
Dread dem a dreaded im an fled
In Ithiopia de fist af de Negus Negash
Was so mighty an painful
An dem had to run fi cover
At de great Battle of Adowa
In Uganda Queen Nyabinghi Muhumusa
Stood gainst dem an
Lawd! I wish yu woz dere to see
How brave she a brave
In Mozambique de FRELIMO
Hit dem wid de 400 year heavy slogan
"Alluta Continua" de battle continues
An dem did freak out real bad
Yu shulda seen how Samora Machel
Strong im a stood strong
In Azania, dem did get it real ruff
Because doun dere Steve Biko
Went grain to grain
Poun to poun gainst dem
As Baba Mandela engaged
In 28 years af talk
Lawd! Yu shulda seen how de

A schizophrenic view – Joel Okoth Ouma

Umkhonto we Sizwe roasted
Some o' dem like beef
Yes I said like de beef dey enjoy
Machetes
African bombs
Guerilla warfare
Face to face combat an impact
Homemade guns, Zeal
Yes breddas an sistas I did say zeal
Our forefathers an mothers had
Plenty zeal an zero fear
Dung dere in America Malcolm X
Did mek a solemn promise
To kill any maga dog dat bit im an
Lawd! yu shoulda seen
How cringe dem cringed
An how shift dem did shift
In dem segregated seats
Wen im said dat im
Woz gonnah get im freedom
Any which way
By de bullet
By de Bible
By de ballot
By de gun
Bad wi woz bad
Gwan wi a gwan still.

A schizophrenic view – Joel Okoth Ouma

HEART OF RESISTANCE

Puff!
Door falls in
Heart sinks in
Somebody gets in
I wake up from mi dream
Mi eyes still blurred wid
Sleep
I try fi tek a stock
But mi cyaan si thru
Black veiled night
Pop!
Slap in a mi face
Duff!
Big fist then heavy boot
Burst mi cranium
Pandemonium
Wailing an screaming
Outa di whole block
Plenty policeman
Plenty handcuff
Plenty police van
State of emergency
Emergence of dictatorship
Crackdown on opposition
Tu touzan an sevin
Afta di big ilekshion
Rip-off
We knew dis woulda come
We only wasn't certain bout
Di sekan, minute or hawa
But di base woz

A schizophrenic view – Joel Okoth Ouma

well laid
di plan well med
manifesto well drawn
guns pretty polished
machete sweet sharpened
petrol bomb nicely tuned
we heard wan beast shaut
"everybody put your fuckin hands up"
Tommy an Freddy med do
Sif dem raisin up dem hans
An before di policeman
Coulda dress em up
Inna handcuff
Pop! Pop! Pop!
Gunshots from without
Outa di dark corner of
Our ghetto crib
The policeman
Drop dong dead
Everyone for himself
Paradiso fi us oll
Runnin battles
Flyin petrol bomb
Slashing machete
Machine gun shatterin
Di whole
Tenement yard
But it a empty
An as di policemen go in
Fi check out dem victim
We come out an
Surround di yard
Everyone wid petrol bomb

A schizophrenic view – Joel Okoth Ouma

In both hans
In a minute or tu
Di whole yard went up in
Fumes of viktri
Flames of resistance
Fires of freedom
We mashed up oll de
Policevan
An chant di songs of
War
As we lay in wait for dem
To send in back-up
Fi us to extinguish agen
Caw in our ghetto yu cyaan
Gain viktri
Dis is Kibera slum
Dis is di heart of resistance.

A schizophrenic view – Joel Okoth Ouma

FAAM UP DI WAALS AF RESISTANCE

In di miggle of dis turbulent
Winds and tides of downpression
In di midst of police brutality
In our ghettos
In di wake of Taliban
brutality in di east
In di dawn of alqaeda terror
In di wake of impunity
In di dawn of aggression
in di shameful culture
af corruption an embezzlement
di people haffi rise
faam up di waals af resistance
hold up wan annadah hans
move up close to di downpressor
fear nat di bullits
fear nat di water boardin
fear nat di batons
fear not di plenty police vans
march on
in a Burma
in a Zimbabwe
in a Afghanistan
in a Sudan
in a Tibet
faam up di waals af resistance
hold up firm unto wan annadah
an close in on di aggressor
fear nat di army
fear nat di junta
fear nat di suicide bomber

A schizophrenic view – Joel Okoth Ouma

fear nat di ant- riot police farce
fies em up
go poun fi poun
grain fi grain wid em
crash impunity
crash corruption
crash anti-black peeple laws
crash anti-women rights laws
crash di heartless leaders
crash a mugabe
cash a Omar el basher
crash a Osama bin laden
crash di suicide bomber
an mek im swallow im bomb
faam up di waals af resistance
faam up di waals af liberation
faam up di waals af repulsion
an wen dem a come dung deh to beat yu
push up di waals gainst em
an extinguish olladem downpressors
faam up faam up faam up di waals.

A schizophrenic view – Joel Okoth Ouma

ISCHRI

Goin tru empty time
an space tryin to find
mi hidden ischri
blak children still
learn in skul
about foreign ischri
wen are we blak peeple
a guh rememba
our past
we cyaan go forward
if we no leave backward
a peeple without knowledge
of dem ischri
is like a leaf
fallin fram a tree
wid no sense of direction
such a peeple often
fall for anything
if you nuh kip record
of your lineage
an trace yua roots
yu cyaan ave no plan
for de unknown future
if you nuh have a plan
for yuaself
someone else a guh
plan for you
American can plan for you
Chinese can plan for you
Russian can plan for you
Briton culd colonize you

A schizophrenic view – Joel Okoth Ouma

oll over again
foreign plan is no plan
kristripper Columbus
im bus tru mi border
like a thief
Dedan Kimathi
light still a shine
like a nimbus cloud.

A schizophrenic view – Joel Okoth Ouma

SEARCHIN AN SEARCHIN

Dere woz a time I yus to steh
awake late up in the night
I yus to walk out in the dark
de heat of the moon scorchin my skin
de darkness choking my being
and de creatures of de night
as mi only company an frens
I yus to meditate searchin the I in I
searchin for an answer
hopin for a revelation
lookin for a sign fram without
wanting fi know my lost past
aksin for a glimpse into the
unknown future
I cried to the lawd wid my voice
and I rose up enlightened

Dere woz a time I yus to sleep
until late in de afternoon
feelin neither hunger nor thirst
my body exhausted fram
de fatigue of walkin for
long distances late in the nights
I yus to sleep on bare hard ground
my eyes lookin at de sky
de warmth of de sun
coolin my skin
de light of day reviving my being
and human beings lukin
doun upon mi
dismissing mi fi a mad man

A schizophrenic view – Joel Okoth Ouma

I yus to think beyond de obvious
and reason beyond de normal
my mind going far back to de time
when Africa was still Akebulan and
Sekhmet de dread lioness
still walked on de land
my mind lukin beyond
de 21st century
when Akebulan will regain its lost glory
I cried to de lawd wid my tears
and I arose up wiser
than I was before.

A schizophrenic view – Joel Okoth Ouma

WATCH OUT AFRICA!

I see dem comin fram a distance
Dem did come already
An dem comin again
But dis tyme mi a see
How dem a come
Lang time aguh dem came
Disguised in dem white robes
Some carryin de Bible an
Some o' dem carryin de Koran
Long tyme aguh dem did
Come in dem huge ships o' blood
Long tyme aguh dem did come
Carryin plenty o' dem
Sweets, mirrors and bicycles
To entice, cheat and con
Our elders, chiefs and kings.

Now I see dem comin again
Dem jus dropped de Bible an Koran
Dem jus taken aff dem white robes
Instead dem now comin wid
Soap opera, reality TV, digital camera oil
Dem jus left dem bloody ships
An now dem comin in dem
Camouflaged airbuses, rockets an space ships
Lawd! dem airborne dis tyme
Dem now sophiscated dan befah
Dem comin wid alotaf goodies
To entice our greedy bang bellied leaders
Watch out!
For two af dem mos precious gifts

A schizophrenic view – Joel Okoth Ouma

One af dem is known as I.M.F
An de addah one has a fancy name
Im is called WORLD BANK
Stay awake for dem also have anaddah
Gift dem call GRANTS
Watch out!
Stay vigilant
Lock de Eastern an Western gates
For dem like to use em more often
Construct watchtowers
At de Northern an Southern gates
Lest dem use dem to get in again
Dem come already
Dem comin again
Watch out Africa.

A schizophrenic view – Joel Okoth Ouma

IT IS HARD

Polieticians dem tink it is hard
Wen dey lose an ilekshion
But me nuh tink it is dat hard
Cauz me know hardness
It is hard wen yu cyaan
fine food fi nyam
it is hard wen yu can only
light a fire fi warm de cabin
but cyaan cook wid it
it is hard wen yu cyaan light a fire
fi warm de shack cauz
de last match stick is already struck an
yu cyaan afford to buy a match box
an yu last cent is already spent.

preacher man im tink it is hard
wen de collection tin is empty
but me nuh tink it is dat hard
cauz me know hardness
it is hard wen yu cyaan
fine clot to wrap roun yu body
it is hard wen yu can only
hide yu nakedness in yu naked hands
but cyaan hide fram de cold weather
its hard wen yu cyaan stitch a clot
fi repair de tear cauz
yu cyaan afford to buy a string
an yu last copper is already spent.

First lady she ah tink it is hard
Wen de state house flowers dry up

A schizophrenic view – Joel Okoth Ouma

An de dining room floor
is not well polished
But me nuh tink it is dat hard
Cauz me know hardness
It is hard wen yu cyaan
Fine a place to lay yu weary body
It is hard wen yu only pillow is rock
An cold hard floor is yu bed
It is hard wen yu cyaan go home
In da evening to rest cauz
Yu haff nuhwhere to call home
An yu only shelter is yu skin
Where yu house yu mind an soul
Me know dat it is only
Hard wen it is real hard.

A schizophrenic view – Joel Okoth Ouma

WEN SORROW A TWIST WOMAN

Woman tries to resist sorrow
But sorrow restricts woman
Children dem a cry an bleed tears
More hunger dem cyaan tek nuh more
An woman haffi crack
     Hand an feet
      Toilin on de lan
Jiggers nuh gud animals cuz
     Jiggle an niggle thru
     Har feet dem a dhu
Meanwhile man jus wants
Fi pop bottle af liquor at
     De corner pub
An wen im head pops up
Im visits woman wid violence
     Lawd!
Woman hand snaps
     Leg twists
Children dem a bawl louder
Cuz de hunger
Raptures
     Skin an bones
Woman cyaan tek nuh more an
Wen packit full man passes by
     An ogle har
She a give in to im demands
Prostitution kicks de door in!
Complicating de complication
Piling up de hole situation
     Woman contracts deadly virus
     Gawd!

A schizophrenic view – Joel Okoth Ouma

She jus gave out an gave in
        To sorrow
Wen sorrow strikes in de ghetto
Mos woman cyaan tek de sorrow
        Nuh more
An give out dem jus haffi give in
Fi survive an feed de fahmily.

A schizophrenic view – Joel Okoth Ouma

APPRAISAL IN GREEN

Now di rains are back
afta a long spell af famine
an di plants ave started
to regain life agen
dere woz too much heat
an oll de plants ad bin
smoldered by de red hot sun but
now de grass start fi grow agen
an de animals dem a eat an smile
all di marihuana dat woz
dead now start fi rise pon de lan
an di peeple dem a reazin wid it
oh wat a puffin an smokin
at de palace an de ghetto
everywan a gwan irie
appraisal is in green.

Jus las month de rivahs ad dried
an wan coulda seen de belly
of de slain streams but
now de rain a fall in torrents
an de ocean bank burst open
de hippo an fish both a swim
close to each oddah an shake hans
mi hear dat bredda crocodile now
wan's fi marry sistren shark
an bredda dolphin im now just
play's wid sistren whale an dem
jus hula hoop de hole day
truly deyz plenty af water fi de peeple
An everywan a boil tea

A schizophrenic view – Joel Okoth Ouma

An meditate pon de caffeine drug
Appraisal is in green.

De rains a bring plenty af
gud tidins
de once scorched eart
is now pretty
an she ah smile back at heaven
an thank heaven
for waterin har womb
an now me hear dat eart an heaven
guh meet at de horizon
an get married cauz bredda
heaven im ave a seven colored
weddin ring already
an faddah thunder im jus
gonnah read de vows fi dem
nine months fram now dey
gonnah ave a nice green baby
Oh! Wat a nice ting
to run in de rain
Appraisal is in green.

A schizophrenic view – Joel Okoth Ouma

IT'S XMAS AGEN

Annadah year jus roll by man!
A full circle
We done complete agen
Jah love in de air
Air getting pompous
Rushin an pace increase
Inadi streets
Wat fun it is to laugh an' sing
A happy song today
Oh, Jingle bells jingle bells
Jingling to the bank
Oh, what fun it is to take
A bank loan an celebrate.

Turkey mmmhh?
Chicken mmmhh?
Champagne?
Oh, beef?
Blood on the land
Animals bleedin everywhere
Man getting mean
Man getting bloody
Man getting higher
Drunkenness
Bellies getting puff
Sex boom
Christ getting born
January next year
School fees cyaan pay
Rent cyaan pay
Debts getting higher

A schizophrenic view – Joel Okoth Ouma

Banker man at the door
Auctioneer at the house
Economic crash!

Meanwhile fram a distan
The song continues to play
Jingle bells jingle bells
Jingling all again
Oh, what sorrow it is
To waste aweh Xmas.

A schizophrenic view – Joel Okoth Ouma

OVERDUE POWER DUB

Bass drum booms an
    Guitar chord raptures de
    Dub hall
Power consumption rises de
    Units skyrocket
Power bill too much an de
    Musician cyaan
      Pay
Power lines cut dead
    Lights out
Drum booms an dead
        Lang overdue power dub!
Freddy runs doun de staircase to de
    Powerhouse
De generator vibrates to life
    Bass drum
      Booms
    Deafening
De Dub Audience
    Grand piano rhythm
      Cracks
De Dub hall floor
    Generator fuel dries up an
    Shsssssh
De Dub music dies
    Someone shouts from de audience
    Lawd!!
        "Its lang overdue power bill again."

A schizophrenic view – Joel Okoth Ouma

GET OUT DE GHETTO

early in de morning
you see mi walking
from outa de ghetto
tryin to get outa misery
you see mi wid mi scarf
wrapped tightly round
mi neck but
still de cold tear's
mi sinuses
an still mi nose haffi run
for I run tryin to get
outa de ghetto
dey say de ghetto is fi
de doomed
but we know dat
de term ghetto means
Get-out
an so we try fi get outa de ghetto
de commuter train passes
thru de ghetto but
we nuh have nuh copper
or Babylan paper
fi pay de fare
an so we just heng pon de train
cling pon it like monkeys to trees
coz we nuh goh just sit dong
pon de corner
nose haffi run
nose haffi run
nose haffi run
in order fi us to run outa

A schizophrenic view – Joel Okoth Ouma

de ghetto
de race is not fi de swift
but fi de one who put im
shoulder well
to de wheel
an so we don't run
we walk
we work
we push
we pull
we sneeze from de cold
dat tear's de old scarfs
we tie round a we necks
we run, we run, we run
outa de ghetto
we desire
we want fi get out.

A schizophrenic view – Joel Okoth Ouma

NOW WI WRITE

Yu rememba wen we culd
jus read de written
wen we culd jus
spell like we woz told
wen we culd not correct
de written rong
wen we culd not add or sub-track
from de already published?
well, de tables doun turn and
now wi write.

time woz, wen we
culd just read books
from foreign
wen we culd jus
read about de wan
christopher come-boss-us
ow im did discover Africa
an' a whole lotaf blah blah
but now de tables doun turn
an' we writtin de truth
an' now we know dat
a black man discovered spain
cauz wiser we are an'
now wi write.

I laugh in mi mind
wen me rememba
wen we wuld jus
read an recite
dem nursery rhymes

A schizophrenic view – Joel Okoth Ouma

dat wi culd not even relate to
everyone woulda sing loudly
"jack n' jill went up de hill"
but now we just left dem up de hill
an' we not goin to sing de next line
cauz a brand new line we've writen
an' humpty dumpty cyaan fall
nuh more fram de wall
cauz wi now got a more considerate
bran new line fi dem cauz
now wi write.

Yu rememba wen
english woz english
england woz england
an and woz and?
well, now dat done change
Cauz now
english is inglish
england is inglan
an and is an
we jus transformed an
spiced up de language
an made it a we own
we just Africanized da whole
ting an now dem cryin cauz
now wi write
fus it was dem writin an
we doin de hard reading
but now its we writin
an dem doin de beautiful reading
cauz our writin
is swit music to de lips.

A schizophrenic view – Joel Okoth Ouma

DUB POEM A DAY

Wey mi write
Wey mi talk
Wey mi recite
Dis poetic lines
In mi aun way
In mi aun method
In mi aun langwij
Wid mi aun sense
Wid no nonsense
Wid no tense
Its de onset
of de sunset
wen mi dhu
a dub poem a day
alladin keep a rub
magic lamp
Arabian wear pretty turban
But mi jus a rub a dub

Congo drum
Bass guitar
Tambourine rapture
Heavy base line
Coolin off de piano keys
Creatin a riddim
Vibratin tru mi dream
Like a runnin stream
A mek mi fantasy
Come true
Wake me up to
De reality

A schizophrenic view – Joel Okoth Ouma

Dat dub poetry
Still a gwan irie
Dub poetry still a force
Dat faces off 'gainst
Fascism
Mugabeism
China counterfeitism
Double standards
Wey we tell
Wid no fear
Wey we call
a spliff a spliff
Nat a stick
Wey we fite back
Year afta year
Wen we rememba
Che Guevara
Wen we rememba
Patrice Lumumba
Wey we mek Malcolm x
Live on
Wen we commemorate
De great insurrection
wen mi dhu
a dub poem a day
alladin keep a rub
magic lamp
Arabian wear pretty turban
But me jus a rub a dub.

A schizophrenic view – Joel Okoth Ouma

EMPTINESS

I run on trees like a monkey
Walk on the street like an ant
Float in the air like an eagle
Swim in water like a submarine
I run
I walk
I fly
I swim
All over everywhere
Still I seem to be headed nowhere
I pause
I move
I stare
I contemplate but still
I seem to be filled with inertia
The trees fall beneath my feet
As I run
The ants burst the concrete pavements
On the street
The eagle collides with an airplane
In mid air
The tilapia sinks the submarine
In the ocean
Blood oozes
From my
Clothes an' hair
Baldness sets in
Am growing old but still I seem
To be stagnant
The rooftop caves in an'
The house catches a cold

A schizophrenic view – Joel Okoth Ouma

I feel like am freezing an'
I stretch my hand
To grab my blanket
Suddenly my dream is
Halted
By a man's hoarse voice
De city guard
Ordering, pushing an shoving
Me to get off the street an'
I wake up with a start
It dawns on me that
I am still homeless
Filled with emptiness

A schizophrenic view – Joel Okoth Ouma

EVICTION

"Maam! Maam!"
I bawl out loud callin out
Mi mom
Coz I spot dem comin
Towards our shack
Black boots pon dem feet
Batons on dem hans
Guns pointed toward
Mi likkle head
Weird persons wid no souls
Dem com to evict us
From our shed
Dem com to pull dong
Our shack
Dem com fi render us
Homeless
Dey sey we encroachin
On de govahment lan
Me think dat lan is fi oll
Fi God
But dem sey it belangs
To de system
An im want fi put up
A new palace an im need it
Wat a shame
Wat a disgrace
Wen de shepherd leaves
Im sheep out in de cold
Wen de govahment takes away sheltah
Wen de regime does not give sheltah

A schizophrenic view – Joel Okoth Ouma

"Son! Son!"
Mi mom comes out
Of de shack cryin
To com see wat's happenin
But befah she can even sey
"Jack sprat"
One o' dem heavy boots
Knocks har off har feet
An she goes rollin doun de
Slope like a barrel of wine
Me nuh have nuh dad
Or sey me dad nuh have me
So me feel very vex an try fi
Cling unto de soldier's leg
But im kicks mi teeth in
Mi teeth give in
How am I gonah chew de
Water we eat?
De scene gets intense
De earthmovers com
Crushin de house in
I bawl out lawda
Maaaaaaam!
Oll dis time innocent
Likkle Kim
Is still inside de house sleepin
Mi try fi stop de tanker
Wid me han
But alas!
De devil imself is at
De back of de steerin wheel
An im has no heart
An im is hollow bellied

A schizophrenic view – Joel Okoth Ouma

An im
Crashes mi
To pulp
An I die
Mom runs up de slope
An throws herself inside de
Fallin house
An picks up likkle Kim
An no sooner than she gets out
De whole shack sinks in
Like a hurricane pass thru
We remain homeless
We have nothing
Not even a rat or roach
Mama buries me next to papa
An likkle Kim an poor mama
Leave fi de cold pavements
At de city suburb
Wat a shame
Wat a disgrace
Wen de shepherd leaves
Im sheep out in de cold
Wen de govahment takes away sheltah
Wen de regime does not give sheltah

A schizophrenic view – Joel Okoth Ouma

COM WID ME TO SPAIN

Com wid mi to Spain
Let mi show yu di
Source of wi pain
Mek I point him out fi yu
wid mi pen
pirate ships on di sea
luk at di horizon
an yu will see di sail
gunshot burst
annada negro dead
ah! dread, red
no redress
Short ingress
Shot in progress
Forced egress
Slavery pon di land
Slavin pon Whiteman
Wheat farm
For centuries an still
Cyaaaan save a cent
Penitentiary wi still get sent
Fi no sin
Lord Jesus! Save us
Christopher con-boss-us
Com outa grave
Com face dis dread-beat
Bite your lips till yu
turn bwoy blue
But yu cyaan blow
Yu captain horn an
Capture wi again

A schizophrenic view – Joel Okoth Ouma

Yu cyaan gain

Com wid me to Spain
Let me show yu di
source of wi pain
mek I point him out fi yu
wid mi pen
hand cuff
dry cough
black as coal
wi scorned
cornered an conned
off wi coast an corn
raped
murdered
Kwameh dead
Efemi bleeds
pure bad deeds di white
zungu fram Spain
did on wi land
but wi still deh
dread, ready an deadly
red eyed waitin fi dem
fully armored
now wi done tek America
even widout condiliza rice
com mek wi check out inglan
Queensland, farceland
then cast wi focus pon Spain
Hannibal elephants risin
Wid di sinkin sun

A schizophrenic view – Joel Okoth Ouma

Com wid me to Spain
Let me show yu di
source of wi pain
mek I point him out fi yu
wid mi pen.

A schizophrenic view – Joel Okoth Ouma

DI YUROPIN IN ME

I am a black man
I am an African
but dats mi skin man
me nuh Blackman
me nuh African
me a yuropin man
me heart a yuropin
me thinkin is yuropin
me tok is yuropin
yes me awftin tok
thru me nas
an even mi wok
is pimped
I am a sell out
sold out me kolcha
sold out mi land
sold out mi langwij
to get sam af dis
yuropin in me
yurop im a stretch forth
im hand like a god
an throw sam corn
unto mi outstretched
tongue.

sam low life poets
dem jus curse me
in betwixt dem lines
but me nuh rily care
cauz now me happy
than prince Harry

A schizophrenic view – Joel Okoth Ouma

cauz doun here dey
gave me
a jab as a messenjah
an dem pay
in pounds
samtin me nevah
did touch but jus desired
back a yard
I tank Mr. Blair
an di pope
fi oll me ave
for sam of dis
yuropin in me
me nuh get pinned doun now
cauz
yurop im a stretch forth
im hand like a god
an throw sam corn
unto mi outstretched tongue.
.

yu wulda aks me ow
me spend mi wikend
dung here in a inglan
well dem haff futbal
dem haff horse race
dem haff snuka
dem even haff
eatin contest
wich mi rily enjoy
takin part in
man I nuh feel hungry
ar angry

A schizophrenic view – Joel Okoth Ouma

at oll
cauz here dem play
wid fud man
an so me just a so
enjoyin miself while dem
black blocks
in a Dafur dem
crack rocks
once again me tank
Mr. godson brown
fi sam af dis prawn
an
yuropin in me
Africa culda call an call
but me nuh goin back
nuh way
its either yurop way
me way ar
di highway
queensway
yurop im a stretch forth
im hand like a god
an throw sam corn
unto mi outstretched tongue.

A schizophrenic view – Joel Okoth Ouma

DIS DEVILS ARE CLAD IN BLUE

Like ghosts hauntin de graveyard
Tryin to find out
if dere is a living soul
Amongst dem
So do de Kenyan policemen
roam our ghettos
In de dead of de nite
tryin to find a victim
To harrass
Dis policemen
are worse dan robbers
Broda mek yu ear me
Sistren mek yu ear me
Dis devils move in groups
Dis devils don't look for crooks
Dis devils look for yu
Dis devils are clad in blue.

Dey enjoy takin bribes
fram de peeple
An if yu don't gi dem a penny
Dey gi yu penitentiary
An mek yu suffer
As dey enjoy dere supper
De Kenyan policemen
Coulda win gold medals
in bribe takin but
Wi lucky dat bribe takin
is not an Olympic event
Mek I tell yu broda Jim
Mek I tell yu sista jean

A schizophrenic view – Joel Okoth Ouma

How dem did tek fram uncle Tim
Uncle Tim woz walkin home
fram hard labor day one evenin
havin worked a five to five
wen all an a sudden
A group of blue clad
devils stopped im
At de corner near de cold supper shop
An aksed im for im
identifikiashan card
Uncle Tim im dug in im packit
An produced de said
identifikiashan card
Now all an sundry know dat
Uncle Tim is a citizen but
believe yu!
Wen me tell yu dat
De devils clad in blue said
im woz an illegal immigrant
an dem threw awey im
identifikiashan card
Sayin it woz a falla fashin

Dem said dat dey woz takin im in
If he didn't produce an authentic
identifikiashan card
yet dem had just takin it an thrown it awey
Uncle Tim tried to resist
De devils dem insist
An dem pinched and kicked im
Till he could tek it nuh more
An since uncle Tim born doun here
An im knows de shitstem bad

A schizophrenic view – Joel Okoth Ouma

Im didn't want nuh more prablem
An suh im got deep into
im trouser packit an pulled out a dollar bill
mek I tell yu peeple
mek yu ear me peeple
cauz as sure as death, de devils cuff
uncle Tim an told im to pick up
im identifikiashan an guh home
Uncle Tim did lose his last dollar
To de devils clad in blue
An suh me say dat de Kenyan police farce
Is a shame to society
is a gang of robbers
is a cooperation of corrupt officers
is an association of torturers
is worse dan armed robbers
Cauz dem are supposed to keep de peace
But dem take awey de peace fram de peeple
An every hour me just see dem haunt
Dis devils are clad in blue.

A schizophrenic view – Joel Okoth Ouma

FOOLICE FORCE

De Kenyan police force is da least read
Dey is an ignorant lot only well versed
In de art of wielding batons an guns
If only dey was not ignorant
Dey woul never attack de masses
For dey woul recall wha happened
Durin de riots in
Brixtan, Burma an Chapeltoun
When de masses clashed
Wid em cops real bad
If only dey was not ignorant
Dey woul recall wha happened durin de
Soweto uprising, Kibera uprising
Yes de Kibera uprising wen de
Masses went pound to pound gainst em
Lawd!
De Kibera massive just pulled out de
Railway like it was straw
As de cops watched in awe wid em
Guns held in hand trigger too hot to pull
In Soweto, dem just hurled dem African bombs
At de cops like dey were nuclear bombs
If only de Kenyan police were not ignorant
Dey woul recall de time
Wen de hawkers in Nairobi got hold
Of one a dem comrades an licked im up
Real bad wid his gun still in hand
Jeez! t'was a bloody riot
An one policeman did dead
Yes did dead by de masses

A schizophrenic view – Joel Okoth Ouma

De Kenyan police force is
De least read force in de world
Yes de worst knowledgeable in de world
Coz if dem woz well taught
Dem woul recall how de masses
Went grain to grain
Pound to pound
Wid dem foolice force in Harlem
An dem woul always let de people demonstrate
Against de rogue establishment
However, de Kenyan police force is just
A foolice force made up of baton wielders
Corrupt constables
An assassins!
Yes, assassins remember Kisumu 2008
Unfortunately fi dem de masses
Will still go pound to pound
Gainst dem wen need be.

A schizophrenic view – Joel Okoth Ouma

GUNS IN THE BULLET

Guns in the bullet
Bullets in the gun
Election of the senseless
Votes stuck in the ballot box
Crowds in the city
No smoke from the chimneys

Guns in the bullet
Bullets in the gun
Delay in results
Desertion from homes
A stone thrown from the ghetto
Falls into the gutter at the palace

Guns in the bullet
Bullets in the gun
Who pulled the trigger?
Who shot my only child?
Who raped my only sister?
Who shot the police commissioner?
Fire the gun but keep the bullet.

A schizophrenic view – Joel Okoth Ouma

WHAT DE 2008 POLICE SHOOTINGS TAUGHT US

Da year was 2008 da month of January
Wen we do selebrait da new year
Dis tyme dea was nuh
New Year selebration
Not even a reasoning or
Groundation could tek place
Da dictator ad jus rigged the ilekshion
An so we pour pon da streets
To refuse da results
We was chantin slogans and
Angelstrating peacefully
Wen da demonic regime
Set loose its fut soldiers
Wid dem weapons pon us
In full view of rollin kameras
A cop shot a yout in im hert
Licked im in im ribs
And im dead.

Da case remains a mystery to dis deh
But we learned da following lessons;
We shuld never angelstrate
Instead we shuld demonstrate
We shuld never demonstrate peacefully
Instead we shuld be demonic
We shuld never chant slogans
Instead we shuld chant gun shots
We shuld never wait for justice
Wen a cop shoots our breddren doun
Instead we shuld shoot back at the cops
And kill as many as we can

A schizophrenic view – Joel Okoth Ouma

We shuld never, never, never, never
Angelstrate wen our votes are stolen
Never, never, never, never.

A schizophrenic view – Joel Okoth Ouma

DROP DONG DEAD

Dear dada
tho yu gun
trabo still lingers on
its like an imprint
permanent on mi face
dat I seem unable to erase
Since yu lef dada
a hole lot a tings
ave happen
Dada
mi did kamplit mi
kalij an pass mi skul tes
as yu wulda wish
an I know yu did smile
wen yu heard bout
mi triumph
Dat's lang gun dada
an wat am sayin is annada
since then I've moved on
fram jab to wuk
tryin hard fi luk
afta mama miself
an di likkle pickney
Yu lef behin
Dada mi rily try mi bes
everydey
but dada its like
trials try dem bes
fi knock mi off mi base
Dada
mi days are full of

A schizophrenic view – Joel Okoth Ouma

strife an misery
an so shuld I
drop dong dead
Jus know dat I did try mi bes.

Tru financial prablems
tru ghetto mayhem
tru tick an tin
tru fia an ice
tru palice arrasment
mi trod dada
mi feet pain
mi hans full a blista
mi back sore
mi mout dry up
mi whole health brekdong
cyaan get nuh food
fi put in a pat
nuh bite just a fite
fi suvvie
an see de nex same day
It's a decay dada
An so shuld I
drop dong dead
Jus know dat I did try mi bes.

A schizophrenic view – Joel Okoth Ouma

RUDE BWAI TOUN

Run aroun
Outa toun
Doun turn
Gunshot
Notice short
Clip clap clop
Man dead
Woman raped
Child a bawl loud
Boots
Blot
blood
Body box
Peeple rush
Madhouse
Insanity
Noh sanitation
Slow meditation
Noh tyme
Mayhem
Craze
Maze
Bad bwai raid
No police aid
A.I.D.S spread
Nite turns red
Dread
Burnt bread
Fire fire fire
Whole tenement yard
Taken out

A schizophrenic view – Joel Okoth Ouma

Lawd!
have mercy
Rude bwai toun
Gun toun
Cyaan get no peace
Not even a piece
Of sleep
Cauz of dis wild sheep.

A schizophrenic view – Joel Okoth Ouma

CAIN AND ABEL

Di dey woz very hat
two able breddas
sons of akebulan
Cain an Abel
worked awey di dey
at di cane field
wid utmost peace
betwixt dem
like breddas are wont to be
reapin wat dem did sow
cain cut di cane
abel arranged em in bales
Adam im foun everytin in place
Eve an Delilah dem mess up
di place
akebulan im frown
till im face tan brown

as di dey worn off
an di heat of di sun
begun to bwoil dem brains
di plain expression on dem
faces start fi fade awey
an turn to pain
Cain woz sweatin yu wulda
tink im woz a faucet
forcin out wotah
Abel eyes turned
reddah than pepper
Yu wulda tink
Im ad eaten wood pecker

A schizophrenic view – Joel Okoth Ouma

but alas!
di rays of envy had
pennytraited
dip dong to di root
af im nerves
Adam im foun everytin in place
eve an Delilah dem mess up
di place
akebulan im frown
till im face tan brown

now di field dem woz workin on
woz laaj an waidah than
di sky
an its horizon woz wey outa sait
abel thot to imself dat
if im culda ave di whole field
fi imself
Im wulda rear plenty chicken
an keep plain white sheep
an clear all di cane dat cain
Preffahd
fram di field
im thot af flocks herds an droves
an befah cain culda sey
"sugarcane"
abel struck im hard
at di back of im head
wid a strong piece of cane
an cain dropped dong
dead
Adam im foun everytin in place
eve an Delilah dem mess up

A schizophrenic view – Joel Okoth Ouma

di place
akebulan im frown
till im face tan brown

blad flowed on di land
abel im got meaner an tried
fi bury di body underneath
im mind solely far-cursed
nat on di consequences
but on di nutrient
value
Cain's body wulda add to
di land
blad is thicka than wotah
so dey say
an so befah abel culda sey
"Iscariot"
blad flesh an bones
came together
an standin dere infrown af im
like a ghost
woz cain
wid im machete in han
one blow to di head
an abel sunk to di groun
Adam im foun everytin in place
Eve an Delilah dem mess up
Di place
akebulan im frown
till im face tan brown

di earth burst open
chariots of war screeched

A schizophrenic view – Joel Okoth Ouma

trumpets of doom blew
swords gat drawn
an di field turned
into a battle zone
akebulan heard
di songs of war
but arrived too late
as it woz now end time
cain vs. abel
war fi land had begun
war dat will never end
war fi land till end of time
Adam im foun everytin in place
eve an Delilah dem mess up
di place
akebulan im frown
till im face tan brown.

A schizophrenic view – Joel Okoth Ouma

CHO!

Cho! Cho!
Rong tings a mek strong tune
Turn de bend aroun
De street
Mek yu feet
Carry yu deh
Or seh carry yu feet
Dong deh
Yu see ow yu no fit
Caw de moment yu tek
A seat
At de open field
to puff yu spliff
yu ear wan voice seh
"Trespasser, where is yua pass"
Yua jooks cut short
By a bloodshot eyed block
Yu put under arres
Fi de res
Of de dey
An yu mek wandah aloud
Cho!
No work
Man an woman
Lie oll about
Even dumpsite run dry
Cyaan browse garbage
Fi fine waste cabbage
Fi de kids
Starvation
Bones stick outa flesh

A schizophrenic view – Joel Okoth Ouma

Or mek seh
Flesh disappear inna bone
An wen gavahment pittance
Come around
De whole ghetto
Run mad
Man fite woman
man wan eat
man wan feed an im
figet de child
new born baby wails
an man mercy rise
an im cyaan get noh bite
give it out im a give
rippin hunger
raisin anger
cho!

A schizophrenic view – Joel Okoth Ouma

AFISA ANANIAH

Fram dat fateful day in May
Wen it did happen
me knew dat it a come
a moment wen appeasement
wulda be
It oll started on dat lively evening
wen Annan an I
were sittin at mi mama crib
doin our homework
Afisa Ananiah an two addah
policemen came burstin tru
di shack an even befah
we culda perceive ar scream
dem held we heads dong
on di cold concrete floor
dem iron rods pressin our necks
an started fi chat mongst demselves
I swear mi did hear
Afisa Ananiah tell di addah
policemen dat
it woz nuh use aksin questions
an di las ting me di hear
woz muffled wailin
choked up breathin an
a bullit pass tru flesh
christo koch, eugene truter,
kobus smith, dinno guitto
robert henzen an nicolas laubse
dem did suvvive
but Afisa Ananiah
Im had to die.

A schizophrenic view – Joel Okoth Ouma

I woke up days later
fram mi coma
to di mind blastin news
dat Annan had become
a resident af langata cemetery groun
Lawwd!
mi did weep till pee
mi did stump mi feet
mi did crush mi teet
mi did retreat to di street
an wen mi woke up fram
mi misery an mincin pain
I woke up wid a resolve
dat one day Afisa Ananiah
wuld ave to pay
christo koch, eugene truter,
kobus smith, dinno guitto
robert henzen an nicolas laubse
dem did suvvive
but afisa Ananiah
Im had to die.

It woz a well laid plan
an easy wan cauz afisa Ananiah
always thot dat im woz feared
than death itself
Soh on dat Friday in may
just as im stepped outa
his favorite joint
Annan's bratha cousin an I
fired a couple dozen

A schizophrenic view – Joel Okoth Ouma

bullits at im
an as di soun af sirens
became intense an closer
we had already disarmed
an comeback
fi witness di carnage
It woz nice seein
Afisa Ananiah's carcass
packed in di ice cold body bag
an driven awey at di back
af di same van
dat Annan did get
a forced ride in
I smiled in mi mind
cauz I knew dat justice
had been done
Appeasement fi di blood af
Di innocent
Wid di blood af di guilty
christo koch, eugene truter,
kobus smith, dinno guitto
robert henzen an nicolas laubse
dem did suvvive
but afisa Ananiah
Im had to die.

A schizophrenic view – Joel Okoth Ouma

AN EYE FOR AN EYE

Some sey im woz walkin
some sey im woz runnin
im woz runnin walkin
im woz walkin runnin
im woz runnin an walkin
maybe im woz doin
a walkin race
we know nat well
but di battam line is
dat im did get shot
by a cop
at di back of im head
an so me sey dat
running or walkin
is nat stealin
is nat burglary
is nat rapin
is nat even bribe takin
like di cops luv to receive
it's just walkin or runnin
an eyewitness said dat
im saw di poliesman
smile as im tuk out
im gun an aim it at
de walkin or runnin
Charles' head
an pulled de trigger
then smiled agen as
Charles dropped dong dead
like a hit fowl
an de penny im woz carryin

A schizophrenic view – Joel Okoth Ouma

in im clenched fist
rolled into di gutter
de poliesman lied dat Charles
had snatched di penny
from an old woman
an illusionary old woman
a figment of im imagination
coz dere woz no old woman
an de only old woman woz
Charles' grandma
an she made it clear amidst
har weepin
for har only wan grandson
dat she ad send Charles to di shap
wid di penny an told im
to run dong an get
two spoons o' sugar
before di milk bwoiled an
poured over
de poliesman
im start fi sey dis an dat
an yu woulda thot im woz a parrot
de peeple anger shot up an dem
arrested an
disarmed di poliesman
wat a public arrest it woz
like in a film
but it woz a flame
de peeple made a rily
quick decishan
Yu woulda sey di wheels of justice
turn faster than turbine
on de street

A schizophrenic view – Joel Okoth Ouma

dem burned di trigger-happy fool
right at de miggle
of tubman street
a reckless gun shot for a bloody lynch
so dey sey
an eye for an eye.

A schizophrenic view – Joel Okoth Ouma

HAITI

Wen I got de news dat
You aint coming back
I sat in my room
Tears rolling doun mi iyes
I aksed myself
Why oh why!
Haiti Haiti
Land of God
Haiti Haiti
Land of the brave
Haiti Haiti
Definers of blak
Ow thou hast felt
Plenty pain
Ow thy bodies haf
Plenty scar
De tremors still vibrate
Inna mi mind
An de soun of falling
Buildings still shake
Mi out of mi dreams
Haiti Haiti
Tears flow like rain
From mi iyes
Wen I feel de pain an sufferin
You are in
I aks myself why oh why
Haiti Haiti
You are in my heart
I am in your heart
Tears will roll an dry

A schizophrenic view – Joel Okoth Ouma

De dead will one day
Rise
But now de pain in mi
Heart is still overwhelming
I cyaan get nuh sleep
Caw
I can hear de babies bawlin
I can hear de women wailin
I can hear de boy cryin out loud
I can hear dawta callin
Out loud for papa help
I can hear papa breathin
His last
An I also see annada
Sharp iron rod
Fall on grandma chest
Grandpa gone already
Teacha Lucy gone already
Mistah john gone already
Preacher Henry taken away
Cart puller squeezed under
Shopkeeper squeezed under
Soldier martin taken away
Doctor Ronald gone too
In a twinkle of an eye
I see annada house coming doun
An fallin on top
Of de already fallen
Blood a gush
Bones stick outa flesh
Things strewn outa place
Even president palace
Shaken

A schizophrenic view – Joel Okoth Ouma

Jesus wept!
Haiti Haiti my iyes
Have cried nuff tears
But my soul still bleeds
Haiti Haiti it's you
I am crying for
Haiti Haiti it's I
I am crying for
Haiti Haiti its black tears I shed
But take heart
Wipe de teardrops from your iyes
Coz even in de worst
Of storm
JAH never change
JAH has a plan
An you will soon see
De crack of dawn
thru de cracks of your walls
De sorrow might linger on
In our memories
But out of de pain
Shall come-in a great future
De funeral flowers shall wither
An outa de soil
Shall bloom brand new souls
An greatness shall come forth
From your great land
Once upon a time
Outa a small torn toun
A son of man woz born
An de son of man rose
To be known
One-day outa Haiti shall

A schizophrenic view – Joel Okoth Ouma

Rise greatness
One-day outa Haiti
Shall saunter out
Kings an queens
One-day outa Haiti
Shall come great joy.

A schizophrenic view – Joel Okoth Ouma

A SCHIZOPHRENIC VIEW

If I could a poet assist
Then I would choose to be
My own self apprentice
I would desist from walkin
Wid di great
For most greats talked about
Love and harmony, hate and war
My disposition would be contrary
An rudely weird dat even
Di legendary sculptor
Aurelius of di Romans
would wonder
From which material to sculpt
my Mood
Works of gold an silver
Belong to di lavish an princely
But me, is a man who emanated
Outa di ghetto corridors
Di favelas of Brazil
An di stinking slums of Kibera
Draw an sculpt
Paint an sing
Write an read
But my mood cannot be
Mastered.

If Andrea del Sarto
Was to paint my image
Then di halo
He would have to omit
Cause di holiness on mi face

A schizophrenic view – Joel Okoth Ouma

Hath been washed away by
Years and years of struggle
Street struggle is my way of life
Everyday is a brand new pain
Every moment of my life is plain
And so if a plain canvas
Michael Angelo was to paint
My mood on,
Then my strife would dirty
Di canvas an make
Leather stink
For everyday I am sick
Oh' wat a life that stinks!
Draw and sculpt
Paint and sing
Write and read
But my mood cannot be
Mastered.

If time woz to run stiff
An allow mi fi take di pope's
Place,
Then I would without fear
An with same time fear
Look straight into
My Mehmet Ali Agca's
Gun eye an my
Eyes I would not twitch
For I know not whence
My next road would
Lead me
What is death, I
know not about

A schizophrenic view – Joel Okoth Ouma

Where is heaven is still my
Mystery
An whether there is a
Hell worse than di days
Of slavery an black struggle, I
Know not about
di winds of time
have brought us this far
Yet we are so near imprisonment
Today just like we was yesterday
A black man is still considered
Black
An black is still di symbol of
Evil
Di ships dat cometh from
Di U.S.A still carry weapons of
Mass destruction
And those dat cometh from china
Still carry wid em tools of counterfeit
Di monsoon winds are perfect
Still
But my imperfection is inflicted
By forces beyond nature
An so like Malcolm x my x
Marks di spot
The bull's eye
My target is prosperity
My diversion is oppression
But I man is still on
di road an
If Christopher Columbus
Was to fall wid di nimbus cloud
Then even di great writer

A schizophrenic view – Joel Okoth Ouma

Fyodor Dostoevsky
Would not describe what my
Feelings fi him woulda been
Draw an sculpt
Paint an sing
Write an read
But my mood cannot be
Mastered.

A sermon on di mount
A march through Biafra
An a stop at Harlem
Accompanied by chanting
Freedom songs
In dis terror-second
Century
Cannot bring out my full
Emotions
For we have cried nuff
Tears
An now wiping em is
What we have fi do
But your weapons still
Wipe out touzans an
touzans of black-skin
In Dafur
Di Congo is still a blaze
Africa is still struggling fi
Wake up
From the effects of strong
Colonial drugs
Yes we druggy
But one day we shall

A schizophrenic view – Joel Okoth Ouma

Redeem ourselves
Even if by screams we
Have to
Any which way
Misery we shall wave away
Draw an sculpt
Paint an sing
Write an read
But my mood cannot be
Mastered.

A schizophrenic view – Joel Okoth Ouma

CRIME RICE

Fangs! Fangs! Fangs!
pangs of hunger
Raising anger
Oh!
Wat a tear
Wat a terror
Cyaan focus pon study
Varsity drop-out
Hits di street steady
Headspllitin headache
Handsome bwoy
Cyaan tek it nuh mo
Blood splash
One dead
Two dead
Crime rise
Wen di rice cyaan rise
Lo!
Annada fugitive on di run
Nuh where fi hide
Knock knockin on hell's gate
Listenin keenly for heaven's call.

News flash
Court room cup full
Man too hungry
Fi argue
An so man pleads guilty
Hard knock pon table
Wid mace
Seals fate

A schizophrenic view – Joel Okoth Ouma

Of di son of fate
Judge not lest yu be judged
Crime an punishment
Is di order of di day
Still nuh solution
An di hungry cyaan
Hold tight pon
Bleak vision
Wid empty tummy
Mo hunger
Mo anger
Mo crime
mo jail time fi serve
if food cyaan serve
an it is oll crude
lo!
knock knockin on hell's gate
listenin keenly for heaven's call.

A schizophrenic view – Joel Okoth Ouma

680 DEGREES

Standin in de miggle
Of Nairobi city
Like a giant
Size intimidating
Tourists come in
Fram all over de world
And book into dis hotel
Dis hotel meks plenty of cash
Dis hotel is ever full board
Dis Indian hotel employs
Mostly blacks
Mostly young black people
You woulda tink dat dis hotel
Pays its workers well
But come mek I tell you
Mr.gavanment
But come mek I tell you
Mrs. Tourist.

De owners of dis hotel are racists
De owners of dis hotel are selfish
De owners of dis hotel are worryin
De owners of dis hotel are evil
De owners of dis hotel are unfriendly
De owners of dis hotel are corrupt
Cuz de owners of dis hotel discriminate
Black wokers
Cuz de hotel owners do not pay
Black workers their right dues
Cuz de hotel owners sexually harass

A schizophrenic view – Joel Okoth Ouma

Black workers
Come mek I tell you dem
Have a sex fi job policy
Cuz dis hotel bribes de tax man
Cuz dis hotel does not pay
Service charge to its workers
Cuz dis hotel has illegal
Indian immigrants
Workin in there with forged papers
And occupying
All de big positions
Cuz dis hotel has banned any
Workers union
Cuz dis hotel sacks black workers
At will
Come mek I tell you dem can sack
A black worker jus fi starin at dem
Cuz dis hotel sucks de blood off
Black workers and uses
Black workers sweat as fuel fi cook
At 680 Hotel its 680 degrees
Hot in the shade
For the black workers.

A schizophrenic view – Joel Okoth Ouma

A TALE OF TWO FRIENDS

Once upon time
Dere were two great frens
One used to Blare all deh lang
An de addah one was de shepherd
An him coul often be sin beatin bout de
Bush tryin to find de Blaring one
Mos time dey yus to wok or run togetha
Sommetime dey coul play and nyam togetha
But mos o' de time
Dey loved to hold war parties in de East
Infack de shepherd woul always beat bout de
Bush tryin to fain reason or justifikiashon
To attack de camel keepers in de east
Im yus fi claim dat de camel keepers
Had dangerous stones dat
Coul kill his entire flock wid one blow
And de Blarin one woul
Never doubt or question im
Like a fool im woul always
Nod im big head in agreement.

One deh de Bush bittah aksed de
Blarin one if he coul accompany im to war
In Afghanistan and de Blarin one agreed
Another deh the Bush bittah asked de
Blarin one if im coul escort im to another war
In Iraq where he promised im plenty o' water
An as usual de Blarin one just agreed
Remember im was jus a fool an never questioned
The shepherd did lose plenty of his flock in both wars
But at least dey did drink plenty o' clean water

A schizophrenic view – Joel Okoth Ouma

Before goin back to their
Uncle Sam and Sista Brixtan
Where dey was disgraced by de masses
We now hear on cable dat de
Bush bittah just stays at home
Tendin his remainin flock
And de Blarin one often misses his adventures but
Fears to walk wid im because
A camel keeper in de East
Often tries to smack im wid shoes
In im oily face.

A schizophrenic view – Joel Okoth Ouma

BENGA FOR UNCLE DAVE

Mi remember wid sorrow
How dem did burn yu to charcoal
How dem did roast yu like dem beef
An how yu struggled to get
Outa di burnin house
How yu bust thru da window
Of da red hot furnace
And fell unto the hard street
Flames still burnin yu hair flesh an bones.

Mi remember wid sorrow
How dem did burn yu to charcoal
How yu braved the 3rd degree burns
An how u still talked gud inglish
Even wid di burns!
Uncle Dave mi cyaan figet
How u suffered innadi hospital
How dey put yu pan
Da life savin machine at da I.C.U.

Mi remember wid sorrow
How dem did burn yu to charcoal
How yu never cried
How yu remained strong
To di last breath
Wen di machine
    Stopped
An dey announced yu
    Dead an gone

A schizophrenic view – Joel Okoth Ouma

Uncle Dave, Uncle Dave
We still in pain an shack
Wen we reminiscence dat cold day
Wen u passed on so painfully
But yu likkle bwoy still
A live an resemble yu
Uncle Dave, Uncle Dave
We still miss yu an we still in shack
Wen we remember how
Dem burn yu like coal.

A schizophrenic view – Joel Okoth Ouma

POETRY FOR EMANUEL AGUER

Galang Emanuel Aguer
Tears kiannot wash aweh de shack
And horror of yu untimely death
De way dey gorged out yu eyes
Skinned yu head and cut aff yu tongue
Galang Emanuel Aguer
For de lawd will revenge on yu behalf
Even wen yu lang gone,

De way dem mutilated yu body
Will always haunt dem an dem
Will bleed from all pores an openins
Galang Emanuel Aguer
Yu family jus like other Sudanese familiz
Came to mi rogue country
Seekin refuge afta eskapin
From de mutilator Omar el Basher
an im Janja Weed
Only fi mit yu mutilation
in dis sadist country
Galang Emanuel Aguer

Galang to de heavens whea 6 year olds
Are welkamd and guarded by dem Angels
An nat mutilated as happens
in Dafur an Kenya
Galang to de paradise whea blak Sudanese
Are treated like Angels and not
Kidnapped like here in Kenya
Galang to de heavens whea dere
Is no blad thirsty sects

A schizophrenic view – Joel Okoth Ouma

Dat drink blad from children
Galang Emanuel Aguer
To de stars an wen yu reach dere
Say hallo to Garang de Mabior for me.

Galang and let the rogue Kenyan police
Stall the investigearshon as dey are used to
But one ting I noh is dat
Rite now yu are in de arms of de Almighty
Wid a brand new body an soul
Galang Emanuel Aguer.

Galang in peace
Figet da pain
Figet da acid burns
Figet da brutal dark-heart man's knife
Galang galang galang.

A schizophrenic view – Joel Okoth Ouma

CHURCH MOUSE

t'was long since me gun church
an suh one Sunday me decided
to mek a stap
at de local church
to do mi repentance
pon de prendys
t'was nice seein de peeple dem chantin
psalms at de top of dem voices
an singin sweet rhymes to de Lawd
everyone woz in high meditation
an full af spirit but
come mek I tell yu broda Jim
come mek I tell yu sista Jean

wen me tek a stack af de
whole place
me nearly get a shack
an a heart attack
cauz wen me check out dem peeple
me noticed a big change in dem
yu woulda tink dem done improve
but alas! dem done reduce
sista Sally she a thin like straw
an har face frown like fowl
she used to be a brownin
but now oll dat disappear at de pulpit
cauz she invested her money wid
de church mouse
brother Rinato im a weak
like low quality weed
an im hair entangled into an

A schizophrenic view – Joel Okoth Ouma

involuntary halo
cauz im donated im yams to
de church mouse.

wind blowin de wrong wey
an tings turn around
or seh tables got turned upside doun
cauz it seem like de preacher man
im gone live uptown in a mansion
an im who used to be poor is now
rich in de name of de Lawd?
or did im jus tek fram de poor lad?
still I n I woz amazed at how de once poor
church mouse is now richer an fatter
than im disciples
an' de ol sayin dat
"as poor as a church mouse"
jus became obsolete.

A schizophrenic view – Joel Okoth Ouma

I HAVE SEEN DE TOP

An so we staat
de lang jahni fi fine an taste
de swit wota of freedam
we began at inity
an mek sed we woz goin
oll de wey till ikual rite
we woz nat even half wey
de trek
wen wan mr.pallystah
konsivd a konsepshian
we neva did know
dat im woz jus a swindler
im toll us dat
de inity we woz avin
woz nuh gud for de lang raan
an im rekommended
dat we fam paatan
so de peeple splitap
famed up diffren pawty
an dem staat fi pull
an push wan annada
a whole heepa dem
wantin for demselves
de whole sack of corn flour
punchin each adda to de floor
dem a flaw
mean wail mr.pallystah
woz at im premise promisin
dis an dat
an befar we even araivd
at de promised lan

A schizophrenic view – Joel Okoth Ouma

oll we ad in a we hans
woz only
diziiz an daat
we lieta faun
de resoses
hidden in mr.pallystah packit
still de peeple are on de road
cyaan fine de route
an dem is still rooted
like dikteta in pawa
still dey wan fi go on
wid de lang jahni
till dem can fain
till dem brek konfain
till dem rekonsail
till dem refain
de kine of laif dem liivin
Man cyaan liiv betwixt
rat, roach an bedbug
wid no bed only bag
fi sleep in on slippery
hard floor
man a starve
man a stand
man a crave
fi wuk,fi wok
oll de wey till woman
rich de mountaintop
me still konfident
even wid me plenty dent
dat one day de dissident
gonah be de president
For I have seen de top.

A schizophrenic view – Joel Okoth Ouma

WITHOUT RED

Crescent an Cross join
An form a Crisscross
Messiah meets Muhammad
An dey shake hands
Arafat meets Rabin
An dey hug wan anada
Its eternal peace pan eart.

Osama bin Laden
Leaves im rat hole
An guh doun a MacDonald's
Fi buy bread
An George W.Bush jnr
Leaves im armory alone
An guh stroll ina Kirkuk via Fallujah.
Its eternal calm pan eart.

Da tanker engines stap dead
No more war fi oil
Oil well a run dry
Terrorist's throat a run dry
Its eternal cease fire pan eart.

Da Dalai Lama goes back ina Tibet
An China Fascists walk outa Tibet
Aun San Suu Kyi walks outa
Detention in a Myanmar an da
Dictators doun dere go ina jail house
Zimbabwe an Kenya hold fair elections
Its eternal democracy pan eart.

A schizophrenic view – Joel Okoth Ouma

Palestine becomes Palestine
Israel becomes Israel
No more bad blad
Its eternal silence of gun fire pan eart

Eart a smell sweet
Flowers dem a sprout
Children dem play all about
Comedians dem mek people
To skin dem teeth
Sun a rise an set
Without a sound of cry
Then yu shake me up and I
Wake up from mi dream
Mi was dreaming of
A world without Red.

A schizophrenic view – Joel Okoth Ouma

MO SMOKE

Mi yus fi sit at mi
granny kitchen an wach
ow she a light a fire
fi cook wi ital meal
wich yus fi rily
tes swit
granny culd smoke fish
fi preserve it for
de nex meal
an de bales of smoke
wuld mek me iyes weep
an mi luved de feelin
I felt no pain
oll mi wanted woz
mo smoke
mi uncle wuld
com in de kitchen
wid ishen leaves
in im han
roll up a spliff
an light it up
pon granny fire
uncle wuld puff it
an de room
wuld get filled wid
mo smoke
once in a while
mi yus fi tek a trip
an visit mi papa
work place
at de sugar faktri

A schizophrenic view – Joel Okoth Ouma

I wuld wach as
de gigantic grinders
crashed de cane
to pulp
an mi woz always amazed
by dat miracle
I yus fi stare in awe as
de chimney at de faktri
emitted
mo smoke.

Dose woz years of strife
an struggle 'gainst
de dictator Moi's regime
an de young turks
yus fi engage
de poliesmen in bloody
street battles
tear gas canisters
yus fi ring in de air
an wen dey bus
Infran of de marauding yout
peeple wuld run for shelta
cauz de itchin
tear gas canisters
culd release
mo smoke
de struggle for liberieshan
woz often intense
an no yout man culd res
dem tuk fi de streets
chant freedom songs
carried placards

A schizophrenic view – Joel Okoth Ouma

alluta continua
dem yus fi sing
Lawd!
dem cordoned off
de roads
so de cops
culd not pass
an dem burned
old car tyres
an yu shulda seen ow
de city streets were
filled wid
mo smoke
many houses
plenty business buldin
gavanment offices
maize farms
mail boxes
went up in flames
a hole heepa peeple
lost dem lives
an de only one crematorium
woz filled wid
mo smoke
Lawd!
have mercy.

A schizophrenic view – Joel Okoth Ouma

MY BURMESE: DI ART AF RESISTANCE

My Burmese, my Burmese
Yu haff suffered fi way too lang
In di claws af di oppressive junta
Now is di time to resist
Now is di time to learn
Di art af resistance
Now is di time to hear Malcolm X speak
Rise up cauz if yu are not
Ready to die fi it
Put di word "freedam"
Outa your vocabulary
Put Malcolm X teachin to action
An freedam shall surely come
Learn di art af resistance.

I feel like a man who has
Been a sleep somewhat
An under someone else's control
I think dat wat I am thinking an
Sayin is now for miself
My Burmese, my Burmese
You haff been tricked an indoctrinated
For way too lang
Wake up from your slumber
Arise and create manifestos
Just like di spear af di nation
Did in south Africa
And countered di aggressor
get into a kaunta attakin mode
Put Malcolm X teachin to action
An freedom shall surely come

A schizophrenic view – Joel Okoth Ouma

Learn di art af resistance

How do you think he ll react
To you when you learn what
A real revolution is?
My Burmese, my Burmese
It has happened many times befah
Wen di people revolted
Against dictatorship
In Africa, Asia, Latin America
Di people made di downpressor
Hide in caves and under water
In Burma you can also cremate
Di faceless dictators of di junta
Put Malcolm X teachin to action
An freedom shall surely come
Learn di art af resistance.

It is a time for martyrs now
An if I am to be one
It will be fi di cause of
Brathahood
dat is di only ting
dat can save dis country
My Burmese, my Burmese
It is time to die fi di next
Generation so get your weapon
An prepare fi martyrdom
Better to Die fi the sake of your
Descendants
Than to live like stray dawg
di price of freedom is death
Respeck me or put me to death

A schizophrenic view – Joel Okoth Ouma

Put Malcolm x teachin to action
An freedom shall surely come
Learn di art af resistance.

oll af us are Burmese first
An everytin else sekan
Wen a person places di
Proper value of freedam
dere is notin anda di sun
dat he will not do to
Acquire dat freedam
My Burmese, my Burmese
Get freedam by any means necessary
By di ballot or di bullet
liberation is a must
Put Malcolm x teachin to action
An freedam shall surely come
Learn di art af resistance

Freedom is a must
Freedom should be
Fi all
Freedom fi me
Freedom fi you
Junta fi me
Restless nights fi you
My Burmese, my Burmese
Learn di art af resistance
Aun sang suu kyi
must be freed
rise up and defend
fram Rangoon to Sagaing
from di north to di south.

A schizophrenic view – Joel Okoth Ouma

www.ingramcontent.com/pod-product-compliance
Lightning Source LLC
Chambersburg PA
CBHW071708090426
42738CB00009B/1707